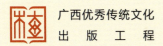

广西优秀传统文化
出版工程

"考古广西"丛书

石器的
印记

陈晓颖 著

扫码获取更多资源

 广西科学技术出版社
·南宁·

图书在版编目（CIP）数据

石器的印记/陈晓颖著 .-- 南宁：广西科学技术
出版社，2024.12.--（"考古广西"丛书）.--ISBN
978-7-5551-2331-6

Ⅰ. K872.67

中国国家版本馆 CIP 数据核字第 2024J09T76 号

石器的印记

陈晓颖　著

出 版 人：岑　刚　　　　　　　装帧设计：刘瑞锋　阳玳玮　韦娇林
项目统筹：罗煜涛　　　　　　　排版制作：俸萍利
项目协调：何杏华　　　　　　　责任校对：苏深灿
责任编辑：李宝娟　黎　坚　梁诗雨　　责任印制：陆　弟
助理编辑：李维英

出版发行：广西科学技术出版社
社　　址：广西南宁市东葛路 66 号
邮政编码：530023
网　　址：http://www.gxkjs.com

印　　刷：广西民族印刷包装集团有限公司

开　　本：889 mm×1240 mm　1/32
印　　张：5
字　　数：108 千字
版　　次：2024 年 12 月第 1 版
印　　次：2024 年 12 月第 1 次印刷
书　　号：ISBN 978-7-5551-2331-6
定　　价：32.00 元

总 序

  在中国辽阔的南方边陲，广西这片被自然与人文双重雕琢的神奇土地，自古以来便是中华民族多元文化的交流、交往和交融之地。它不仅是中华民族多元文化璀璨共融的见证者，更是文化的建设者和传承者。这里，山川秀美，草木葳蕤，河流纵横，众多民族在这里和谐共融、安居乐业，留下的丰厚历史文化遗产，成为中华文明不可或缺的一抹亮丽底色。

  在古老而又充满活力的八桂大地上，有无数珍贵的文化遗产。它们或隐藏于幽深的洞穴，或散布于辽阔的田野，或依偎在蜿蜒而过的河边，或深藏于繁华的闹市……这些宝贵的文化遗产，是社会发展轨迹和文明进程的缩影。它们不仅见证了广西悠久而辉煌的历史，而且还蕴含着古人的智慧和精神，是我们根系过去、枝连现在、启迪未来的重要财富，更是我们文化自信的重要来源。

  站在新的历史起点上，文化自信被赋予新的时代内涵和历史使命。党的二十大报告指出，要坚守中华文化立场，提炼展示中华文明的精神标识和文化精髓，加快构建中国话语和中国叙事体系，讲好中国故事、传播好中国声音，展现可信、可爱、可敬的中国形象。党的十八大以来，习近平总书记三次深入广西考察调研并发表重要讲话，充分体现了以习近平同志为核心的党中央对广西工作的高度重视和对八桂各族人民的深切关怀。2017年4月19日，习近平总书记在广西考察的第一站，就是合浦县汉代文化博物馆。习近平总书记在考察中指出，中华民族历史悠久，中华文明源远流长，中华文化博大精深，一个博物馆就是一所大学校。要加强文物保护和利用，加强历史研究和传承，使中华优秀传统文化不断发扬光大。广西优秀传统文化是中华文明宝库中的璀璨明珠，深受中华文化的滋养，同时又展现出鲜明的地方特色。广西优越的地理位置赋予了其独特的地位和重要的历史定位。自秦代以来，灵渠、海上丝绸之路的开通，使广西成为"北上中原，南下南洋"的交通要道。广西利用自身的地理位置优势承接了国家对外经济文化交流的重任，同时形成了独具特色的地方传统文化。广泛分布且各呈异彩的不同时代的文化遗产，承载着灿烂文明，成为今天见证历史，服务国家、民族发展大略，服务经济社会发展，凝聚民族团结之力，提升民族自信心的重要载体。

文化自信是一个国家、一个民族发展中最基本、最深沉、最持久的力量。2020年9月28日，习近平总书记在十九届中央政治局第二十三次集体学习时的讲话指出，"考古发现展示了中华文明的灿烂成就。我国考古发现的重大成就充分说明，我国在新石器时代、青铜器时代、铁器时代等各个时代的古代文

明发展成就上都走在世界前列，我国先民在培育农作物、驯化野生动物、寻医问药、观天文察地理、制造工具、创立文字、发现和发明科技、建设村落、营造都市、建构和治理国家、创造和发展文化艺术等各个领域都取得了令人赞叹的成就。这些重大成就展示了中华民族开拓创新、与时俱进、自强不息的进取精神，是蕴涵着丰富知识、智慧、艺术的无尽宝藏，是坚定文化自信的重要源泉"。广西自古以来便是多元文化共融的热土，其丰富的文化遗产是中华优秀传统文化的重要组成部分。为贯彻落实党的二十大精神和习近平文化思想，实施中华优秀传统文化传承发展工程，传承地方文脉，凝聚思想共识，增强文化自信，广西壮族自治区党委宣传部指导策划，广西出版传媒集团组织广西科学技术出版社编创团队编辑出版"考古广西"丛书。

"考古广西"丛书作为"文化广西""非遗广西""自然广西"等丛书的延续和拓展，被列入广西优秀传统文化出版工程。该丛书共 10 个分册，以翔实的考古资料和多位考古专家多年的研究成果为基础，全面梳理广西的考古遗存，以通俗易懂的语言和大量宝贵的图片，展示广西从旧石器时代至明清时期的最新考古成果和文化遗存，具体包括史前洞穴遗址、贝丘遗址，秦汉时期的城址，唐宋时期的窑址，世界文化遗产花山岩画，明代的靖江王府与王陵，明清时期的边海防设施，以及各时期的墓葬等。丛书集专业性、科普性、趣味性、可读性于一体，深度融合考古学、历史学、地理学、人类学、民族学、社会学等多学科的内容，高度凝聚考古专家多年的研究成果和心

总序

血，深入解读广西文化遗存蕴藏的厚重历史，生动展现广西考古、广西文物的时代价值，向世界传播广西声音，展现广西文化魅力，让更多人了解和认识广西，进而增强民族自豪感和文化自信。

提升公众保护文化遗产的意识和素养，传承民族的记忆与文化的精髓，不仅是每一位出版人的初心与使命，更是时代赋予我们的神圣职责。"考古广西"丛书不仅是对广西考古工作成果通俗化的全面展示，而且也是向世界递出的一张亮丽名片，让世人的目光聚焦广西，感受这片土地独有的文化韵味与魅力，以此增强广西的文化自信，提升广西在国内外的知名度和影响力，为广西的文化建设和社会发展注入强劲动力。"考古广西"丛书的出版还是深化全民阅读活动、提升公众文化素养的重要举措。它鼓励更多人走进历史，了解文化，感受古人的智慧与汗水，从而在心灵深处产生共鸣与回响，激发全社会对传统文化的兴趣与热爱。通过这一窗口，广西得以向世界讲述中国故事，展现中华文化的博大精深与独特魅力，促进不同文明之间的交流与互鉴。

"考古广西"丛书寻根探源，传承文化精髓。新征程上，我们以书为媒，共赴考古之约，让宝贵的文化遗产在新时代熠熠生辉，助力民族文脉薪火相传，为中华民族伟大复兴贡献文化力量。

丛书主编　林强

2024 年 9 月

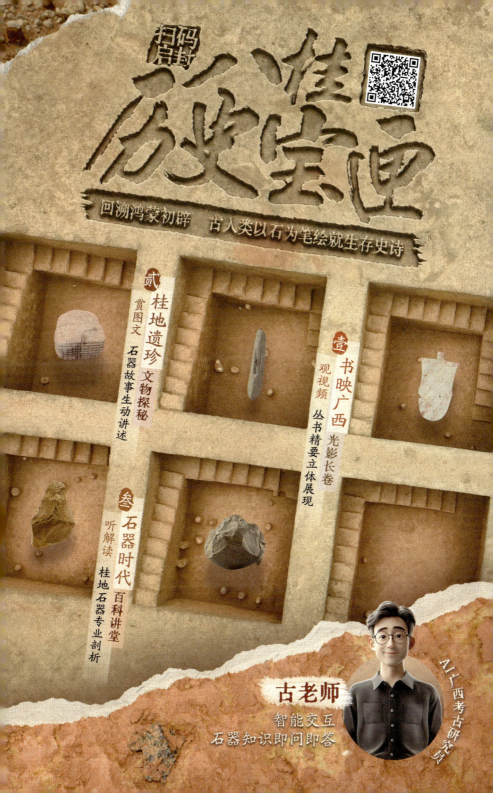

扫码启封

桂八历史堂画

回溯鸿蒙初辟　古人类以石为笔绘就生存史诗

贰 桂地遗珍
赏图文　文物探秘
石器故事生动讲述

壹 书映广西
观视频　光影长卷
丛书精要立体展现

叁 石器时代
听解读　百科讲堂
桂地石器专业剖析

AI广西考古研究员

古老师
智能交互
石器知识即问即答

目　录

目录

综述：石器时代——远古人类的印记

  石器时代始于距今二三百万年，止于距今 5000—2000 年，约占据人类历史 99.9% 的时间，是人类物质文明发展的重要阶段。这个时代以石器的使用为标志，是人类文明初现的摇篮。尽管远古人类没有猎豹的奔跑速度、雄鹰的飞翔能力，甚至缺乏抵御寒冷的皮毛，但是他们却能在猛兽横行的丛林中生存下来，并最终攀至食物链的顶端。这一壮举的实现，归功于人类学会了制造和使用工具——石器。石器，作为这一时期的标志性工具，是人类历史形成、演变与进步的基石。广西，这片位于中国南方的广袤土地，见证了石器时代的辉煌与变迁。从百色盆地的奇迹到各个史前遗址的发现，广西石器时代的印记深深地烙在人类文明的篇章中。

  能够制作工具，这是人与动物的本质区别。在自然界中，偶尔会看到某些动物利用石块来获取食物，如南美洲的黑帽卷尾猴会用石块敲碎树上掉下的坚果，以得到里面的果仁；水獭会在岩石上敲击牡蛎，以获取鲜嫩的牡蛎肉。然而，这些行为与人类加工制作石器的行为有着本质的不同。动物虽然利用了天然的岩石或矿物，但是无法像我们祖先那样生产出具有相对稳定形状的工具。只有由岩石或矿物加工而成的具有特定形状和用途的工具，才能称为石器。

远古人类凭借惊人的创造力和想象力，巧妙地从大自然中选取岩石和矿物等原料，经过一系列烦琐而精细的加工制作，创造出形态各异、功能多样的石器工具。这些工具不仅是他们日常劳作和狩猎的得力助手，还是他们改造自然、创造生活的有力武器。

　　石器经过人工打制、磨制或其他工艺加工而成，具有特定的形状和功能。有些石器用于狩猎，如在中国北方地区常见的石球、在世界范围内广泛分布的石镞等，都是典型的狩猎工具；有些石器用于切割和加工食物，如刮削器可以用来处理树皮和动物的皮下脂肪；还有些石器则用于制作其他工具，如石锤、石砧等，它们是打制石器的工具，就像艺术家手中的雕刻刀，可以将一块普通的石头精雕细琢成一件美观且实用的工具。根据石器的制作方法，石器时代可以分为旧石器时代和新石器时代。旧石器时代的石器主要是通过敲击、打砸等简单加工方式制成的，如砍砸器、手斧、手镐、刮削器等，风格较为粗犷，但已能满足古人类的生存需求。这些工具虽不如磨制工具精致，但却是我们祖先最早发明的工具，具有划时代的意义。新石器时代的石器经过打磨等加工，不仅形状美观，而且功能也更加丰富多样，如石斧、石锛、研磨器等，标志着人类改造自然的能力迈上了一个新的台阶。可以说，石器是远古人类生存的得力助手，弥补了人类在身体机能上的不足，使人类能够在极其恶劣的自然环境中繁衍生息。

　　广西石器时代的石器分布特点显著，主要表现为以下三点。第一，石器在区域上分布广泛，但主要集中在广西的西南部地

石器的印记

区，如百色市等地。石器遗址大多位于河流沿岸的阶地上，如右江、左江、邕江等流域，这些地区的地质条件适合石器的制作和保存。第二，石器种类繁多，样式各异。从早期的砍砸器、手斧、手镐等重型工具，到后期更为精致的大石铲等农业生产工具，这些都体现了广西石器时代先民们在不同时期的生产生活方式和工艺水平。第三，大石铲是广西石器时代最具代表性的石器之一，其精美的造型和制作工艺令人叹为观止。此外，广西石器时代的石器分布还呈现一定的文化层叠现象。在一些遗址中，不同时期的石器文化层相互叠加，为研究广西石器时代文化的演变提供了宝贵的实物资料。

在广西，史前遗址广泛分布，北到资源县，南到东兴市，东到贺州市，西到那坡县，都能发现史前人类使用过的石器。仅在百色盆地，就已发现 200 多处史前考古遗址。这些遗址多位于河流两岸的台地或两河交汇的三角洲，如右江两岸的高岭坡遗址、上宋遗址，左江流域的敢造遗址、江西岸遗址，柳江流域的兰家村遗址、鹿谷岭遗址、响水遗址，以及红水河流域的北大岭遗址等。在这些遗址中，石器是最常见的文物之一，见证了人类从蒙昧走向文明的历程，不仅为我们揭示远古人类的生活方式和生存智慧，还为我们提供丰富的文物资源，让我们能够更深入地了解那个时代的人类文明。

通过对这些石器的研究，可以了解到当时人类的生产力水平、社会结构、文化传统等方面的信息。例如，通过对石器制作技术的研究，我们可以发现当时人类已经掌握了较高水平的石器制作技艺，能够制作出各种形状和功能的石器工具。这些石器工具的出现，不仅极大地提高了人类的生产效率，也为人类文明的进步奠定了坚实的基础。同时，这些石器也反映了当时人类的文化传统和审美观念。例如，我们可以在一些石器上看到精美的雕刻和装饰，这些雕刻和装饰不仅具有实用功能，还体现了当时人类对美的追求和一定的审美观念。这些文化元素的出现，为我们了解当时人类的文化传统提供了重要线索。

此外，这些石器还为我们揭示了当时人类与自然环境的互动关系。在那个时代，人类还没有发明先进的工具和技术来改造自然环境，因此他们必须依靠自己的智慧和力量来适应自然环境。通过对这些石器的研究，我们可以了解到当时人类是如何利用自然资源、如何与自然环境进行互动和协调的。这些信息对于我们理解人类与自然环境的互动关系、推动可持续发展具有重要的启示意义。

本书循着石器分类的脉络，将广西石器时代的石器瑰宝细致地划分为砍砸器、手斧、手镐等重型工具，小石器，斧锛类、石拍等复合工具，砺石、研磨器和蚝蛎琢，大石铲等几大类，并从中精选出最具代表性的石器进行深入剖析，包括砍砸器、手斧、手镐、石核、石片、刮削器、雕刻器、石斧、石锛、树皮布石拍、穿孔石器、砺石、研磨器、蚝蛎琢、大石铲等，详细介绍这些石器的发现过程、形制特点、分布情况、制作方法、功能用途等，带领读者穿越时光隧道，追溯人类文明的起源与发展。

广西石器时代的石器是人类文明的重要遗产之一，它们见证了人类从蒙昧走向文明的历程，为我们提供了丰富的文物资源和历史信息。通过对这些石器的研究和了解，可以更深入地认识那个时代的人类文明和文化传统，也可以从中汲取智慧和启示，为文明进步和社会发展提供有益的借鉴和参考。

砍砸器、手斧、手镐等重型工具：
早期人类的工具三件套

在人类社会初期，有三种打制石器工具扮演了非常重要的角色，即砍砸器、手斧和手镐，它们共同构成了人们劳动与生存的工具三件套。砍砸器帮助人们砍伐树木和削皮剔骨，为人类的生存开拓无数路径；手斧以其精美的外形和多样的功能，成为人们砍伐和挖掘的有力帮手；而手镐则凭借其独特的设计，极大地方便人们采集和挖掘植物。这三种石器工具，就像远古时代的三驾马车，引领着人类向着更辽阔的世界迈进，迈向更美好的生活。

砍砸器：多功能的原始"瑞士军刀"

◆▶▶

    在旧石器时代的舞台上，砍砸器无疑是一位光芒四射的"大块头"明星，既酷炫又实用，深受古人类的喜爱。尽管其形状并不固定，有的圆润饱满，有的边缘尖锐，但是每一件砍砸器都蕴含着许多精彩的故事。这些故事仿佛在叙述我们人类是如何从遥远的过去逐步发展到现在的。

南宁娅怀洞遗址出土的陡刃砍砸器（谢光茂供图）

石器的印记

百色火烧山遗址出土的砍砸器

砍砸器不仅是旧石器时代的重要工具，还是我们目前能够追溯到的最古老的石器之一。它的出现，仿佛向世界宣告：人类开始运用智慧、利用手中的石头制作工具了！这标志着人类迈出了改造自然、探索未知世界的步伐，也彻底将人类与动物

砍砸器、手斧、手镐等重型工具：
早期人类的工具三件套

区分开来。我们祖先通过反复敲击，最终将石头制作成带有锋利刃口的砍砸器。他们带着这强大的武器，勇敢地深入森林，为生存不懈斗争。砍砸器非常坚硬，用途多样，无疑是古人类最信赖的伙伴和武器。砍砸器的每一次挥舞，都迸发着人类智慧的火花；每一次撞击，都奏响着人类文明进步的乐章。

◆ 砍砸器是如何被发现的呢？

时光回溯到 20 世纪 30 年代，那是一个充满着探索热情与重大发现的时代。1931 年，英国考古学家路易斯·利基夫妇就像无畏的探险者，怀揣着对未知世界的强烈好奇心，启程追寻古人类的足迹。在东非那片辽阔无边的土地上，他们开展了艰苦而细致的野外调查工作。

当他们走到坦桑尼亚北部平原的奥杜威峡谷附近时，一个不经意的瞬间，一件砍砸器出现在他们的眼前。他们小心地将其挖掘出来，那一刻，似乎连时间都静止了。

随后，科学家通过测定，揭示了这件砍砸器的年代竟然可追溯到距今 200 万—180 万年！这一发现犹如一扇通往远古世界的神秘之门，让人不禁心生敬畏。尽管当时的砍砸器制作看似简单，略显原始，但是它的出现却如同人类进化史上的一颗耀眼明星，闪烁着独特的光芒。砍砸器的出现标志着人类开始使用工具来改造自然，这是人类文化在时间长河中迈出的关键一步。

石器的印记

利基家族与考古发现

利基家族在考古学史上有着极为特殊的地位，被誉为"古人类学研究第一家族"。这个家族包括路易斯·利基和玛丽·利基夫妇，以及他们的儿子理查德·利基和儿媳米薇·利基夫妇。

路易斯·利基夫妇在坦桑尼亚北部的奥杜威峡谷发现了被全世界所熟知的"津吉人"头骨，即南方古猿鲍氏种，其年代大约为距今175万年。他们的发现和研究极大地推进了人们对人类起源和进化的理解。

理查德·利基夫妇在古人类学的研究中同样取得了显著成就。他们发现了大约距今160万年的非洲早期直立人骨架，即"图尔卡纳男孩"等重要遗存。这是20世纪古人类学研究最重要的发现之一。

利基家族在非洲进行了大量的田野调查和发掘工作，他们的坚持和努力为人类起源的研究提供了丰富的实证材料和理论基础。

砍砸器可谓超级"旅行家"，在世界各地的考古发现中都能找到它的踪迹。正如每个地方都有其特色美食，不同地区的砍砸器也展现出独特的风格。例如，在百色盆地，砍砸器体型较大，制作较为粗犷，保留了大量砾石面；而在广西东南部的洞穴中，稍晚时期的砍砸器则显得更为纤细，刃缘直立陡峭，根部的砾石面也大大减少。在广西发现的旧石器时代早期遗址中，砍砸器几乎无处不在，其中以百色盆地早期遗址出土的最为典型。百色盆地仿佛是蕴藏着人类起源和文明发展秘密的宝库，而高岭坡遗址则是其中最璀璨的宝石之一，不仅承载着丰富的历史记忆，还是全国重点文物保护单位的宝贵成员。

在高岭坡遗址，考古学家发现了一处小型石器制造场和一处用火遗迹，这些发现就像人类历史长河中闪闪发光的宝石，特别引人注目。更令人瞩目的是，他们在不同地层中发掘出800多件石制品，包括砍砸器、手镐、刮削器等，其中大量的砍砸器更是成为研究的焦点。这些砍砸器不仅展现了典型的南方砾石工业传统，而且与东南亚地区出土的砍砸器有着惊人的相似之处，这表明在那个时代，不同地区的人类已经开始相互往来和交流了。这些砍砸器还带有鲜明的地域特色，它们多以砾石为原料，通过锤击法单面加工而成，刃缘多样，包括直刃、凹刃、凸刃、尖刃等，以适应不同的使用需求。砍砸器刃部的使用宽度与被加工物体的表面积有关，若被加工物体的表面积较大，刃部的使用宽度就会相应增大，从而使用起来更为便捷。

百色高岭坡遗址航拍图（右江民族博物馆供图）

砍砸器、手斧、手镐等重型工具：
早期人类的工具三件套

1998年黄慰文主持高岭坡遗址试掘（谢光茂供图）

高岭坡遗址发掘现场（谢光茂供图）

2014 年高星、王幼平等专家到高岭坡遗址发掘现场考察（谢光茂供图）

小贴士

高岭坡遗址

高岭坡遗址位于广西百色市田东县林逢镇坛河村，距离县城约 13 千米，坐落在右江南岸的第四级阶地上。自 20 世纪 80 年代起，该遗址经历了数次试掘和正式发掘，揭示了众多重要发现。

在 20 世纪 80 年代，高岭坡遗址首次被发现。1988—1995 年，高岭坡遗址经历了四次精心策划的试掘，发现了重要的历史文物。1993 年，考古学家在这里展开了一场大规模的考古发掘，随后发布了详尽的发掘报告，初步揭示了高岭坡遗址的丰富内涵。2013—

砍砸器、手斧、手镐等重型工具：
早期人类的工具三件套

2014 年，广西文物保护与考古研究所和田东县博物馆合作，对高岭坡遗址进行了更为系统和深入的考古发掘。这次发掘深入到遗址的砾石层，揭露了厚达 7 米的完整地层序列。

◆ 砍砸器是怎样做成的呢？

砍砸器，作为石器家族中一个独特且充满神秘色彩的成员，其特点与年轻、形态鲜明的手斧和手镐完全不同。这位"百变星君"年纪稍长，形态多变，总是能够激发人们无限的好奇心和遐想。那么，这样一件独特的石器是如何诞生的呢？这需要从石器加工的基本方法讲起。

首先，古人类会精心挑选一块合适的石头作为原料。这原料的选择可大有讲究：既不是越硬越好，也不是越软越好，而是要硬度适中；既易于加工成所需的形状，又能保证使用效果，且加工成型后能使用的时间越长越好。同时，原料还需具备一定的韧性，这样才能在使用过程中保持刃口的锋利与耐用，不会因为太过脆弱而使得刃口稍加使用就变钝或崩断。旧石器时代的人类通常选择燧石、石英、石英岩、脉石英、玄武岩、砂岩、安山岩等作为砍砸器的原料，这些岩石的莫氏硬度大多为 6 ～ 7，是制作石器的理想选择。

石器的印记

利用不同原料打制成的砍砸器

其次，对原料进行加工。石器的制作方法有很多，主要可以分为直接打击法和间接打击法两大类。在广西地区，我们通常看到的石器大多是由直接打击法制成的，而采用间接打击法制成的石器则很少见。砍砸器主要是通过直接打击法中的锤击法来制作，修理时也通常采用锤击法。当然，也有少数砍砸器是用碰砧法制成的，但这种情况并不常见。

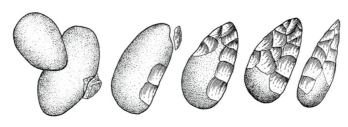

手斧打制方法示意图

砍砸器、手斧、手镐等重型工具：
早期人类的工具三件套

◈ 砍砸器有哪些用途？

作为人类历史上最初的主要生产工具，砍砸器可以说是一个全能选手。它的形态各异，种类多样，在人类早期生活中扮演了不可或缺的角色，满足了人们日常生活的众多需求。考古学家首次发现砍砸器时，其周围散落着众多动物骨骼，这让他们推测砍砸器主要用于切割肉类和剔除骨骼。然而，随着研究的深入，考古学家逐渐认识到砍砸器的真正多功能性。除了削皮剔骨，它还能用于敲砸骨头以获取骨髓。在资源匮乏的早期环境中，食物极为宝贵，古人类为了获取骨髓中的营养，掌握了敲砸骨头的技艺。在这一过程中，带有凹刃的砍砸器成为古人类加工动物骨骼的得力工具。一些考古学家通过实验进一步发现，这种砍砸器仅需 1～2 次敲击，便能轻易地敲断大型动物的长骨，其效率之高，令人赞叹。

此外，砍砸器不仅能够用来剥削树根和树皮，为原始人类提供食物和建材，甚至在必要时，它还能化身为锋利的匕首，用于宰杀动物和切割木头，助力人类建造家园。此外，在古人类与野兽搏斗时，它也能成为一件有力的武器。

砍砸器的刃缘变化多样，因此拥有了多样化的功能。例如，有凸刃且刃缘相对较宽大的砍砸器，通常比较擅长加工竹木器，许多学者使用它来砍伐树木、剥削树根和树皮，以及切割木头，发现效果都非常理想。

在 2024 年百色那模遗址的发掘中，我们对砍砸器的功能进行了一些实验。结果表明，大型砍砸器在处理动物长骨和砍伐树木方面表现出色。通常情况下，砸断一根猪的腿骨只用击打三五下，而砍断一棵小树，通常连 10 分钟都不用。

从竹木加工到骨骼处理，这种多功能的生产工具，凭借其独特的构造和多样的刃口设计，彰显了其在人类早期生活中不可或缺的重要性和实用性。它不仅记录了人类智慧的火花，还是连接过去与现在的桥梁，使我们得以一窥那段遥远而神秘的历史。

砍砸器敲砸骨头实验

砍砸器、手斧、手镐等重型工具：
早期人类的工具三件套

砍砸器砍伐树木实验

手斧：人类使用的最早工具之一

◆▶▶▶

　　许多人可能对手斧这一名称感到陌生，那么，手斧究竟是什么呢？它是如何制作的？它与我们今天所熟悉的斧头相同吗？它也是用于砍伐树木的工具吗？

百色百峰遗址出土的手斧（右江民族博物馆供图）

砍砸器、手斧、手镐等重型工具：
早期人类的工具三件套

◆ 手斧名字的由来

大约在 1835 年，在法国阿布维尔市郊的河岸边，一群挖掘砾石的工人偶然在河床的石堆中发现了一些不同寻常的石头和动物骨骼。这些独特的发现吸引了雅克·布歇·德·佩瑟斯的注意。他推测，这些古老的石制工具与已灭绝动物的遗骸出现在同一个地方，可能暗示着人类在远古时期就已存在。

然而，由于雅克只是一名非专业的考古爱好者，他的推测最初并未引起广泛关注。当时的著名考古学家约翰·埃文斯在给朋友的信中表达了他的难以置信："在阿布维尔市的河床深处，他们竟然发现了石器和大象、犀牛的骨骼，这简直令人难以置信！"

直到 1859 年，埃文斯与地质学家约瑟夫·普雷斯特维奇亲自前往阿布维尔市进行实地考察。埃文斯从大象骨骼旁拔出一件石器，亲眼看到了这一惊人的发现。同年，在法国亚眠市郊的圣阿修尔遗址，也出土了大量精美的手斧。这些手斧的高超工艺让人们开始认识到，它们是古人类智慧的结晶。这种手斧今天通常称之为阿舍利（Acheulian）手斧，以圣阿修尔（Saint-Acheul）遗址命名，因为它们最初是在该遗址被发现的。

尽管阿舍利手斧最初是在欧洲被发现和命名的，但是制造这种手斧的技术其实早在约距今 176 万年的非洲就出现了。据学术界研究，最早的阿舍利遗址为位于东非的科基赛雷遗址和孔索遗址。

◆ 手斧是怎样做成的？

手斧是远古时期原始人类创造的一种极为实用的重型工具。这种工具主要采用一些坚硬的原料制成，如角砾岩、燧石、石英岩等，甚至有些还使用了如碧玉这般珍贵的材料。

角砾岩

燧石

石英岩

碧玉

在制作手斧的过程中，原始人类会采用鹿角等较软的物质作为软锤，轻柔地敲击石头的两侧及边缘，就仿佛是在剥橘子皮，逐步去除多余的石片。通过这种方式，石头的一端被逐渐

砍砸器、手斧、手镐等重型工具：
早期人类的工具三件套

打磨得既薄又尖锐，形似锋利的刀刃，非常适合切割物体；相对地，另一端则被制作得宽阔而厚实，便于手持而不易割伤手指。手斧的整体形状酷似一滴水或一个梨，有些手斧在底部还特意保留一小部分原始石面的粗糙质感，看起来更有特色。

手斧的刃口并非随意敲击而成，原始人类采用了一种特殊的加工技术，称为交互加工。这种技术主要是交替敲击手斧的两侧，使得刃口从侧面看上去呈波浪状，类似于字母"S"。要

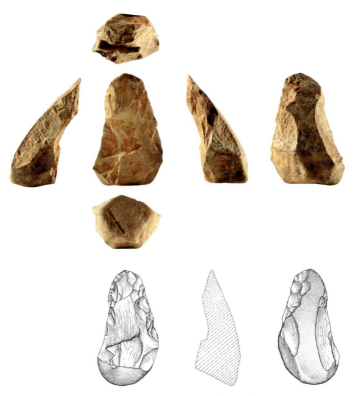

百色火烧山遗址出土的手斧及示意图

打造一把既实用又美观的手斧，需要经过无数次这样的精细加工。因此，制作手斧不仅耗时费力，而且更是对技艺的极大考验。

最令人惊叹的是，手斧的两侧和正反面几乎一模一样，仿佛是镜中的倒影。这表明远古时期的人类已经具备了对称性和审美意识，他们追求制作出既实用又美观的工具。此外，无论是在何处发现的手斧，它们的形状都惊人地相似，这说明原始人类在制作手斧时心中已有一幅固定的"蓝图"。他们清楚自己所需的手斧样式，并将这一理念精确地施加在原料上。

手斧不仅展示了原始人类精湛的制作工艺，而且代表了人类历史上第一种标准化生产的重型工具。

百色那赖遗址出土的手斧（谢光茂供图）

砍砸器、手斧、手镐等重型工具：
早期人类的工具三件套

小贴士

布罗卡语言区

布罗卡语言区，也叫布罗卡氏中枢，是负责运动性言语的中枢，通常被称为说话中枢。研究表明，在制造工具的过程中，人类大脑皮层的特定区域会表现出特定的反应。工具的复杂性越高，大脑需要进行的思考就越多，相应地，布罗卡语言区的活跃程度也会相应增加。这一区域与语言能力紧密相关。语言的起源可能与我们祖先传授石器制造技术有关，这或许标志着口头语言的开始。

◆ 手斧有哪些用途？

手斧虽然听起来好像是一把斧子，但是却和我们现代的斧子有天壤之别。它的功能更为广泛，锋利的边缘不仅能够用于屠宰动物，还能够进行切割和剥离兽皮。手斧的尺寸通常较大，许多都超过30厘米，重量适中，可利用其顶端挖掘植物的根茎。此外，手斧侧边呈"S"形的刃缘与现代的锯子极为相似，因此许多学者认为手斧同样具备强大的加工和砍伐树木的能力。

在旧石器时代早期，许多工具用途单一，如刮削器的主要用途是刮去动物皮下的脂肪等组织；石球主要用于狩猎时投掷猎取远处的猎物。而手斧的功能相对较多，是旧石器时代常用的一种多功能工具。

石器的印记

◆ 含有偏见的莫维士线

手斧，自问世以来就因其精湛的工艺和规整的形态，吸引了无数考古学家的关注。自从在圣阿修尔遗址首次发现手斧以来，人们在欧洲、非洲、中东及印度半岛等地也相继发掘出许多类似的石器。这一发现让研究者们兴奋不已，他们坚信这些精巧的工具必然是由智慧的人类祖先所制作的。

然而，在1937年前后，考古学家莫维士在东南亚进行考察时，在缅甸北部发现了大量单面打制的石器，但在东亚和东南亚的其他地区却未见手斧的踪迹。这一发现促使他对手斧的分布进行重新研究。

随后，莫维士撰写并发表一系列论文，提出关于东西方旧石器时代文化差异的理论。他认为，旧大陆的早期石器文化可以被一条虚拟的线划分为两个区域：一边是拥有先进工艺的"手斧文化区"，涵盖非洲、欧洲、中东及印度半岛；另一边则是"砍砸器文化区"，主要包括东亚、东南亚及印度半岛北部。

莫维士认为，"砍砸器文化区"的居民尚未掌握先进的生产技术，只能制作简单的砍砸器和石片，文化上显得相对保守和落后。莫维士进一步提出，东亚和东南亚地区的气候稳定，对人类缺乏挑战，导致当地居民缺乏进取心，长期处于一种相对静止的状态。他所描述的这条虚拟分界线，后来被学术界称为"莫维士线"。

这一理论在当时的学术界引起了广泛关注，因为它似乎印证了西方学者对自身优越性的看法。因此，在该理论提出后的

砍砸器、手斧、手镐等重型工具：
早期人类的工具三件套

近半个世纪里，它受到了欧美学者的广泛支持。但值得注意的是，一些学者甚至将这一理论上升到了对人类种族智慧优劣的评价，暗示"砍砸器文化区"的居民智力较低。

◆ 斩断偏见的百色手斧

东亚和东南亚地区是否真的缺乏与西方相媲美的手斧？这一问题长期困扰着众多亚洲学者。尽管他们反对莫维士理论，但是在长时间内，他们未能找到与西方手斧相匹配的证据。

然而，转折点出现在中国广西的百色盆地。这个位于广西西部的盆地，形状类似拉长的椭圆形，从西北延伸至东南，覆盖了百色市区和田东县的部分区域。这里气候宜人，生物多样性丰富，右江蜿蜒流过，为这片土地带来丰富的沉积物和史前文明的痕迹。

早在1973年，中国的科学家们便在百色盆地上宋村附近的山丘上发现了11件石器，这标志着百色盆地旧石器考古研究的开端。在随后的10年中，考古学家在该地区发现了70多处史前遗址，并采集了4000多件标本，其中包括大量手斧。但是这些手斧的独特性在当时并未被立即认识到。

百色那模遗址出土的手斧（王星供图）

　　直到 1986 年，一支由多名专家组成的联合考察队在博物馆藏品中发现了与西方阿舍利手斧相似的标本，百色手斧才真正引起了人们的关注。这一发现迅速引起了国际学术界的轰动，每年都有众多学者前往百色市进行考古和科学研究。

　　然而，研究手斧的道路并非一帆风顺。最初发现的手斧大多是在地表采集的，难以确定它们的确切出土位置。为了解决这一问题，考古学家进行了系统的发掘工作，最终在 1988 年于地层中找到了手斧的确切位置。但是，由于盆地内的红土酸性

砍砸器、手斧、手镐等重型工具：
早期人类的工具三件套

百色盆地四级阶地发育的红土（右江民族博物馆供图）

较强，动植物的遗骸难以保存，这为确定手斧的年代带来了新的挑战。

幸运的是，1993 年在百谷遗址的大规模发掘中，考古学家找到了与石器共存的玻璃陨石。通过裂变径迹法对这些陨石进行测年，科学家们确定百色手斧的年代大约为距今 73.3 万年。这一发现不仅使百色盆地成为研究史前文化和手斧文化的重要区域，还彻底推翻了"东方无手斧"的观点。

随后，世界著名学术刊物 *Science* 专门报道了百色旧石器的研究成果。世界各地的媒体也广泛报道了这一发现。人类起源计划署的首席科学家理查德·波茨甚至表示，百色遗址是在东亚发现的旧石器数量最多、判断年代数据最准确的人类遗址，与非洲的阿舍利文化在工具形式和活动方式上都非常相似。

如今，在百色盆地已经发现了 100 多处旧石器时代遗址，出土了 4 万多件石制品，这里已经成为中国乃至世界研究史前文化和手斧文化的重要基地。

百色手斧的发现，从根本上动摇了在西方盛行了半个世纪的莫维士理论，为我们了解人类早期的工具使用和文化交流提供了新的视角。

1993年百色百谷遗址发掘工作场景（谢光茂供图）

2005年国家文物局专家组成员张森水（左）在谢光茂（右）的陪同下考察百谷遗址

砍砸器、手斧、手镐等重型工具：
早期人类的工具三件套

百色百谷遗址远景（右江民族博物馆供图）

百色那模遗址出土的玻璃陨石（王星供图）

刊载百色旧石器研究成果的美国 *Science* 杂志（谢光茂供图）

2001年百色旧石器发现和研究成果被科技部评为2000年中国基础科学研究十大新闻（谢光茂供图）

 小贴士

百谷遗址

百谷遗址坐落于百色市东南部约15千米处的龙景街道百谷屯后山，高出右江河面约150米。该地表主要由裸露的红土构成。1993年，考古学家在此发掘了约80平方米的区域，出土了70件石制品和玻璃陨石。特别值得注意的是，在百谷遗址的原生地层中发现了与石器共存的玻璃陨石，这一发现对于确定百色旧石器的年代具有重要的科学意义。

砍砸器、手斧、手镐等重型工具：
早期人类的工具三件套

玻璃陨石

玻璃陨石是地外物体与地球发生剧烈撞击时，地表物质熔融后迅速凝结成的天然玻璃。在地表发现的玻璃陨石通常呈块状，颜色从棕黑色到浅绿色不等，一般尺寸为厘米级别，其表面常带有空气动力学作用下的熔蚀刻痕。在全球范围内，主要的玻璃陨石群包括北美群、莫尔达维石群及澳大利亚－东南亚玻璃陨石群等。在中国百色盆地发现的玻璃陨石，其时空分布与澳大利亚－东南亚玻璃陨石群相近。

手镐：挖掘与采掘的利器

◆▶◀◆

　　手镐是手斧的好兄弟，也是一个大个子。在众多石器之中，手镐与手斧的相似度最高。手斧、手镐和砍砸器并称石器中的"三剑客"，通常被人们统称为重型工具。

百色百峰遗址出土的手斧（左）及手镐（右）（右江民族博物馆供图）

百色火烧山遗址出土的砍砸器

砍砸器、手斧、手镐等重型工具：
早期人类的工具三件套

为什么称它们为重型工具呢？这与它们的体型有关。重型工具，从字面上理解，首先，它们的重量远超刮削器等普通工具，为后者的 3 ～ 5 倍；其次，它们的体型庞大，堪称石器家族中的"巨人"，远比刮削器、雕刻器等工具要大得多；最后，它们承担着人类生产活动中最为繁重和劳累的工作。早在距今100 多万年，人类刚开始掌握石器制作技术时，手镐便一直伴随着人类，它们能够用于砍伐树木、挖掘根茎类作物，甚至辅助人类敲砸骨头以获取骨髓。

手镐是一种具有汇聚形刃口的工具，其两侧边的刃缘在顶端相交，形成一个尖锐的刃口。通常，手镐的横截面呈三角形，因此在古代，人们也称其为大三棱尖状器。

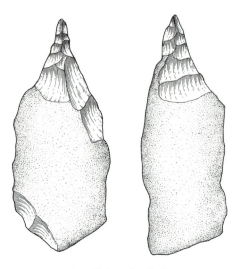

大三棱尖状器示意图

石器的印记

随着考古发现的增多，人们逐渐意识到手镐的形态并非一成不变。例如，在广西百色市出土的手镐，其刃部并非尖锐，而是呈舌形，仿佛小朋友淘气时伸出的舌头；在山西丁村遗址出土的手镐，外观上看起来比百色市出土的手镐更为立体和苗条；而在汉水流域出土的手镐则显得更为精致，它们大多由板岩等岩石材料制成。

手镐的体型通常相当庞大，其长度大多为 5 ～ 20 厘米，重量则在 1 ～ 2 千克之间。某些特大号的手镐甚至可长 30 ～ 40 厘米，重量也可达到 5 千克。

百色火烧山遗址出土的手镐

砍砸器、手斧、手镐等重型工具：
早期人类的工具三件套

百色盆地出土的手镐

　　长久以来，人们都很关心手镐的功能和用途，许多人不禁好奇：如此庞大且沉重的工具，连搬起来都费力，古人类究竟用它来做什么？

　　众多学者对此进行了深入探讨。例如，非洲学者认为手镐与薄刃斧的功能相似，是古人类用于屠宰大型动物的切割工具；而印度的学者则持不同见解，他们认为手镐更可能是一种挖掘工具。

　　在百色地区，考古学家发掘出了众多手镐。这些手镐的刃部呈舌状，非常适合挖掘土壤中的植物根茎。它们的背面呈弯曲状，与现代铁镐类似，挖土特别方便。百色盆地地理位置独特，靠近北回归线，地处热带与亚热带的交汇地带。这里地势低洼，远古时候，植物生长得极为茂盛，尤其是根茎类植物，成为古人类重要的食物来源。为了适应这样的生态环境，古人类大量制作了手镐这类工具。

手镐不仅体型庞大、刃部修长，而且把手部分也相当厚重。这样的设计赋予了它强大的劈破能力，尤其是对付那些粗大的竹子，简直是轻而易举。

小贴士

百色盆地遗址中手斧和手镐的区别

手斧与手镐尽管相似度很高，但是也存在不少差异。

在时空分布方面，手斧似乎偏好盆地西部，特别青睐右江河谷第四级阶地的网纹红土地层，并与玻璃陨石共生。相比之下，手镐的分布范围更为广泛，在百色盆地的第二、第三、第四级阶地中均有发现。手镐的存续时间远超手斧，其数量也更为庞大。而手斧则显得更为珍贵和稀有，主要存在于早期的阶地中，在晚期则逐渐消失。

在加工技术方面，手斧的制作多依赖于砾石、石核及少量石片，而手镐则更倾向于使用砾石作为原料，几乎不使用石片毛坯。从侧面观察，手斧呈现基本对称的形态，其刃缘像锯齿一样，既有力又美观；而手镐则截然不同，侧面通常一面平滑、一面凸起，其刃缘平直且简洁。

左利手与右利手石器

利手现象是人类独有的特征，在其他动物中并未观察到这一行为。通常，习惯使用右手的人被称为右利手，而习惯使用左手的人则被称为左利手。在百色的旧石器时代遗址中，考古学家经常发现多种类型的手镐，这些工具的刃缘显示出的使用痕迹，表明当时的原始人类也存在利手的倾向。

1994 年的夏天，广西壮族自治区文物工作队的谢光茂与来自中国科学院古脊椎动物与古人类研究所的侯亚梅，带队在广西田东县的高岭坡遗址展开考古发掘工作。那年夏天，广西的天空仿佛被炽热的太阳点燃，大地蒸腾着无尽的热情。在这片充满活力的土地上，裸露的红土与翠绿的杧果树、竹林交织成一幅独特的风景画。随着发掘工作的推进，一件件古老的手镐逐渐重见天日，它们在阳光下闪烁着神秘的光芒。这些手镐的大小和规格异常统一，引起了在场所有人的极大好奇与关注。

"这些手镐究竟是如何使用的呢？"谢光茂博士凝视着手中的石器，心中充满了疑惑。侯亚梅教授也陷入了沉思。

于是，两位学者决定进行一项大胆的试验，以揭开手镐的神秘面纱。他们选择了遗址附近茂密的竹林作为试验场地，决定用手镐来砍伐和加工竹木工具。当手镐与竹子相遇的那一刻，仿佛时间倒流，历史与现实在这一刻交汇。

令人惊讶的是，手镐劈竹的效果出奇地好。每一击都精准有力，竹子应声而裂，展现出古人利用自然、改造自然的非凡技艺。这一刻，两位学者仿佛看到了古人类在茂密的竹林中用这些手镐劈开生活的荆棘，书写出属于那个时代的文明篇章。

试验的结果让两位学者都眼前一亮，他们意识到手镐或许并不仅仅是一件简单的挖掘工具。在遥远的古代，它更可能是古人类用于加工竹木器的重要辅助工具。这个发现不仅让他们对古人类的智慧充满了敬意，还让他们对人类文明的发展历程有了更深刻的认识。

这次发现和试验不仅是对古人类智慧的致敬，还是对人类文明发展历程的一次深刻反思。它告诉我们，即使是最简单的工具，在古人类的手中也能发挥出无穷的力量，创造出令人惊叹的文明成果。

总的来说，手镐不仅是古人类智慧的结晶，更是人类技术和文化发展的重要见证。从手镐的使用和演变中，我们可以看到人类是如何一步步利用工具进行采掘活动的。这些看似简单的工具，背后隐藏着人类文明的进步和发展。

砍砸器、手斧、手镐等重型工具：
早期人类的工具三件套

小石器：
生活中的小巧手

在远古时代，我们祖先如同勇猛的战士，挥舞着巨大的石器，开启了一个又一个辉煌的历史篇章。时光流转，那些笨重的石器经历了惊人的转变，变得轻巧而精致。这种变化不仅是尺寸上的缩小，更是人类智慧的光辉展现。祖先们利用这些精巧的石片，凭借匠心独具的技艺，制作出各式各样的工具。它们功能多样，能充分满足人类生活、生产活动的需求，彰显人类对生活的深刻理解和无尽的创造潜能。

小石器不仅是早期人类生产活动的产物，还是研究人类早期历史和文化的重要物证。小石器究竟源自何方？它们就像远方的贵客赠予我们的珍贵礼物。在末次冰期，地球似乎突然启动了速冻程序，气温急剧下降，快得如同乘坐了极速滑梯，导致世界变得既干燥又寒冷。那些曾是猛犸象栖息的大草原，逐渐转变成无垠的冰原或荒芜的沙漠。那时，在我国北方，郁郁葱葱的苔原和荒漠开始迅速蔓延，树木面对这样的环境，吓得急忙收拾行囊向南方迁徙，去寻找更为温暖的栖息地。这样一来，适宜人类居住的区域就变得越来越少了。幸运的是，冰川这位"超级大胃王"吞噬了大量淡水，导致全球海平面显著下降，原本被海水隔开的地区竟然形成了陆桥或变成了浅海，这仿佛是大自然为人类特意搭建的沟通桥梁。因此，为了寻找更安全、更温暖的生存环境，我们祖先如同勇敢的探险家，坚定地向着南方踏上了冒险之旅。

　　考古学家之所以得出这样的结论，是因为他们揭示了一个令人震惊的秘密：在东亚辽阔的土地上，人们似乎事先达成了某种默契，突然间掀起了一场大规模的迁徙浪潮。在南方，他们意外地发现了与北方极为相似的石器，仿佛北方的朋友们在南方悄悄埋下了一个"惊喜盒子"，期待着后人去发现。这一发现具有重大意义，为人类迁徙提供了确凿的考古学证据。由此可见，末次冰期无疑是人类历史上一个关键的迁徙时期。当时的人们为了寻找更适宜的生存环境，勇敢地开始了迁徙之旅。

石器的印记

这场迁徙不仅重塑了人口分布的格局，还极大地促进了不同文明之间的交流与融合，对人类社会的发展产生了深远的影响。

末次冰期不仅是一个令人寒冷颤抖的历史时期，实际上还构成了人类发展历史中一个至关重要的环节。在这一时期，广西地区的众多史前遗址发掘出了大量带有北方石片石器工业特征的小石器，其中包括石核、石片、刮削器及雕刻器等具有代表性的石器工具。

南宁娅怀洞遗址出土的小石器——水晶制品

小石器：
生活中的小巧手

南宁娅怀洞遗址出土的小石器——玻璃陨石制品

石核与石片：石器工具诞生的基石

在遥远的旧石器时代，石核与石片仿佛是那个时代的"超级巨星"，它们是制作各种实用器物的基石。这些石核与石片有三个显著特征：第一，它们并不常见，犹如限量版的珍品，而且体积庞大；第二，它们主要用于打造重型工具，如手斧这种听起来就很有力量的家伙；第三，这也是最有趣的一点，尽管石片在制作工具方面用途广泛，但是在石器工具家族中，它们的数量占比却很小，不超过 5%。这一系列独有的特征，成为南方砾石工业的标志。

随着末次冰期的降临，石核与石片经历了一场巨大的转变，它们的数量急剧增加，体积却悄然缩小。这些精巧的石核与石片不再只是辅助角色，而是开始发挥重要作用，成为制作石器工具的核心力量，用其加工而成的石器工具占比竟超过 50%。

百色那初遗址出土的石核

◆ 什么是石核呢?

石核，实际上是从石料上打下石片后剩下的那部分石料。古人类制作石核前，会在河畔或山岩中精心挑选出合适的鹅卵

小石器：
生活中的小巧手

石或岩石块，尽管它们外表不起眼，但却是制作石核必不可少的原料。然而，制作石核绝非易事，不是随意拿起石头就乱敲一气，而是需要精湛的技艺和丰富的经验。通过细致观察、不断尝试和经验积累，我们祖先掌握了挑选最佳石料的技巧，并且使用石头、鹿角或硬木等工具对石料进行精确打击、敲砸或挤压，仿佛是在为石头进行一场精妙的美容手术，从中剥离出理想的石片，石片剥离后就成了石核。在考古学中，这一过程被称为剥片，剥离下来的片状石头则被称为石片。考古学家还为石核的不同部位和特征赋予了具体的名称，如台面、片疤、打击点等。这些特征如同石头的"身份证"，揭示了石核的来源。

在对石料进行精细加工之前，有一个至关重要的步骤，即在石料上定位或打磨出一个光滑平整的表面。这个表面被称为台面。若台面是石头原有的，我们称之为自然台面；若是通过人工打磨形成的，则称之为人工台面。

随后，我们祖先会沿着台面的边缘仔细挑选一个恰当的点，接着拿起石锤对着这个点全力敲击。这个被石锤击中的点，就是打击点。随着一声响亮的"砰"，石片便从石料上脱落。由于石片的脱落，石核上会形成一个凹陷的面，这个面就是片疤。

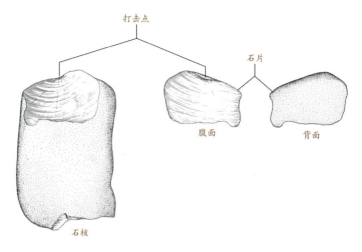

石核剥片示意图

◆ 石核的剥片方法及种类有哪些?

石核的剥片方法主要分为直接打击法、间接打击法。直接打击法是将打击力直接作用于石料,"咔嚓"一声,石片便应声而出,直接而干脆;而间接打击法则如同石头间的一场传话游戏,它借助中介物,如硬木或骨头等,间接敲击石料以剥落石片,得到石核。

依据打击方式的不同,石核可分为锤击石核、砸击石核等;而根据台面数量的差异,则可划分为单台面石核、双台面石核及多台面石核。

在石器时代,石核就像是石器工具的"摇篮",所有的石片工具都是从石核诞生的。石核的存在,为人类提供了改造世界的第一把钥匙,是社会发展的催化剂。石核的使用,极大地提高了人类的生产力,使人类可以更高效地狩猎、采集和建造家园。

小石器:
生活中的小巧手

这促进了社会分工与合作，让人类社会迈向更高级的发展阶段。

◆ 石片又是怎样的呢?

石片是石核的"孩子"，是石核精心雕琢出的"小剑客"。石片从母体石核脱落，带着锋利的边缘，如同古代工匠手中的利剑，等待着被赋予新的使命。这些石片虽然外表朴素，但是却蕴含着巨大的潜能。经过人类巧手的雕琢，它们可以转变为刮削器、锯齿刃器、凹缺器等各种工具。这些工具每一件都像是为特定任务量身定制的神奇器具，为人类文明的进步默默贡献着自己的力量。

石片的各个部分，也拥有特定的称谓。石片紧贴着台面的一端被称作顶端或近端，而相对的另一端则被称作尾端或远端。从石核上分离出来的那个面被称为腹面，与之相对的另一面则是背面。在台面与腹面之间，存在着一个神秘的夹角——石片角，它就像是石片的密码，记录着每一次剥离过程。

在石片的腹面上，通常会有一个引人注目的凸起，它位于打击点的正下方，被称为半锥体。这个半锥体是石片独有的"徽章"，各具特色，仿佛是它们的身份标识。而在半锥体的周围，偶尔还能发现一个精致的凹陷面，被称为锥疤。它与半锥体如同亲密伴侣，共同记录着石片制作过程中的每一个细节。更为奇妙的是，腹面上还会呈现以打击点为圆心的弧形纹理。这些纹理犹如石片的"指纹"，并拥有一个饶有趣味的名字——同心波纹。它们不仅记录了打击力的向下传递，还反映了石片在剥离过程中的每一次微妙变化。

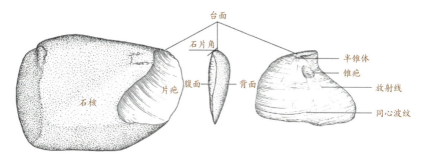

石片剥落后各部位的名称

◆ 石片有哪些种类？

石片多种多样，可分为锤击石片、碰砧石片和砸击石片等类型。

我们祖先小心翼翼地将石核放置于地面，或稳稳地托在掌心，接着拿起石锤，沿着预定的台面边缘，以精准而熟练的技巧轻轻地敲击，仿佛在细致地剥离石核那轻薄的长款外衣。通过这种方式制作出的石片，被称为锤击石片。

百色火烧山遗址出土的锤击石片

小石器：
生活中的小巧手

碰砧石片是石核与石砧之间展开的一场力量与技巧较量的产物。祖先们双手紧握石核，然后将其撞击在地面的石砧上。在这场力量与技巧的较量中，石核通常会被剥离出宽度大于长度的石片，偶尔还会留下一两个半锥体样的独特痕迹。这些痕迹是这场较量的见证者，记录了石核与石砧之间的每一次激烈碰撞。通过这种方式制作出的石片，被称为碰砧石片。

试验打制出的碰砧石片

　　与锤击石片和碰砧石片制作方式不同，砸击石片可通过两种方法来制作。一种制作方法像是令人叹为观止的"石头蹦床秀"：在制作的过程中，石核被稳固地放置于石砧之上，祖先们施以垂直且强有力的敲击，使石片犹如被弹射的弹珠般快速地飞向空中。由于石砧在敲击过程中会产生反作用力，石片与石砧的接触面便会留下类似打击点的痕迹。这类石片被称为两极石片，尺寸通常较小，虽然多数不具备显著的半锥体和同心波纹，但是却别具一格。另一种制作方法堪称"砸击高手秀"：在石核的边缘进行剥片，所产生的石核多为扁平状，而石片则相对宽大，半锥体大而微凸，并常有一条凸棱贯穿石片的中部。用这种方式制作出来的砸击石片也叫作锐棱砸击石片。

百色国漠遗址出土的锐棱砸击石片

在广西田林县龙皇庙旧石器时代遗址及广西那坡县百都河流域的旧石器时代遗址群中发现了上述各种类型的石片，可见这些制作石片的技术在当时尤为盛行。

◆ 石片有哪些用途？

在遥远的史前时代，石片以其锋利的边缘，成为那个时代的利器。那些从石核上剥落的石片，边缘锋利至极，无需任何雕琢便足以应对日常生活中的诸多挑战。在猎人的手中，它们化作锐利的箭头，穿梭于密林，与猛兽竞速；在工匠的指间，它们又变成精巧的刀具，用来削皮或切割木头及骨头。我们祖先凭借这些石片解决了诸多生活难题，因此石片是那个时代人

小石器：
生活中的小巧手

们手中最炫酷的装备。

对于石片的用途和使用效果，许多考古学家都做了相关试验。2010年，我们进行了一项微痕试验。试验室里，各种形状的黑曜岩石片一排排整齐地摆放着，大家先后尝试利用这些石片加工木质工具、削骨剔肉、剔除动物皮下脂肪等。当锋利的石片划过木材的表面，轻松地穿透动物的皮肉，那一刻，我们不得不惊叹于史前人类的智慧与创造力。通过试验发现，石片的切割、刺穿功能以及锋利程度远超考古学家的认知。谁能想到，那些未经加工的石片，竟然能够轻松地切割动物的皮毛和将木棍削出尖刃。

2021年，我们与云南省文物考古研究所及武汉大学历史学院的专家，在云南省沧源佤族自治县携手开展了一项关于打制石器的试验。在这次试验中，我们不仅尝试用剥落的石片制作工具，还用它们屠宰家禽。试验成果令人震撼，石片的锋利程度和使用时的精确性远超我们预期。试验结果表明，那些看似简单的石片，在史前人类的手中却成为创造文明、改造自然的有力工具。它们不仅见证了人类文明的起源和发展，还揭示了古人类的生活方式和行为模式，为研究旧石器时代文化提供了宝贵的实物证据。

石器的印记

试验打制出的石片

小石器：
生活中的小巧手

刮削器：生活的得力助手

在石器时代，史前人类还创造了一种极为酷炫的工具——刮削器。这些刮削器不仅功能实用，而且款式多样、形态各异，包括单边刮削器、双边刮削器、多边刮削器等，有的修长优雅，有的圆润饱满。但它们都有一个特点，那就是有锋利的刃口。

单边刮削器

双边刮削器

多边刮削器

◆ 刮削器是怎样做成的呢？

刮削器的制作无疑是一场精彩的石头变形记。我们祖先偏好选择质地坚硬且易于加工的石料，如黑曜岩、石英岩、燧石、角岩等，然后运用精湛的技艺从石料上剥离出石片，这是刮削器制作的起始阶段。随后，这些石片经过工匠们巧妙的敲击，

小石器：
生活中的小巧手

形成锋利的刃口，再使用其他石头或骨头对石片进行精细的磨砺和雕琢。这一步骤极其讲究，因为任何力度上的偏差都可能导致石料破碎，或者使锋利程度无法满足要求。

利用黑曜岩打制的刮削器

石片被磨砺得很锋利后，工匠们并未就此停歇。他们继续运用磨石等"美容利器"，对刮削器进行最后的精细打磨。经过这道工序，刮削器的表面变得细腻光滑，利于人们使用且更加耐用。

◆ 刮削器有哪些用途？

我们祖先可谓是真正的工具大师，他们根据不同的需求，巧妙地调整刮削器的形状和刃缘数量，使其成为执行特定任务的"神器"。使用这些精巧的刮削器能够迅速处理兽皮，剥离动物骨骼与皮肉，操作起来也很轻松。它们还能够有效地刮除肉质表面的污垢和油脂，使肉质更加洁净，确保食用的安全性。此外，这些刮削器还能兼作木工工具，用于修理家中的木质小物件。

有些多刃刮削器，时而犹如一把神奇的清洁工具，专为清除动物皮毛的杂质而设计，能将兽皮处理得柔滑细腻，以作为保暖的衣物；时而又仿佛一位技艺精湛的艺术大师，在木材或骨头上进行精细雕刻，同样能够轻松应对小型皮革制品的细致打磨。刮削器外形设计圆润，确保了握持时的舒适性和稳固性，方便操作。此外，刮削器还展现出探索者的特质，勇于面对硬质材料的挑战，如木材与骨头。尖头形刮削器有着锋利的刀口，能在木材和长骨上留下明显的削痕；而圆头形刮削器则擅长处理大型动物的皮下脂肪，使皮革变得柔软。

在遥远的史前时代，我们祖先依靠智慧和勇气，不断地对石制工具的形态进行改进和创新。这些改进显著提升了工具的使用效率，并深刻体现了他们对工具功能的深刻理解。尤其是刮削器，以其独特的制作工艺和艺术魅力，成为珍贵的考古发现。近年来，随着考古学和人类学研究的不断深入，越来越多的刮削器被发现并深入研究。例如，在欧洲、非洲等地的古遗址，发现了形态各异、制作精良的刮削器。在中国广西南宁市隆安县的娅怀洞遗址，出土了大量使用玻璃陨石、水晶等稀有材料制成的刮削器。这些刮削器不仅展示了史前人类卓越的手工艺技能，还提供了不同文化间技术交流与融合的证据。

小石器：
生活中的小巧手

娅怀洞遗址

娅怀洞遗址位于南宁市隆安县乔建镇博浪村博浪屯，是广西出土石片石器的代表性遗址之一，于2014年发现。

娅怀洞中的考古发现令人瞩目，洞内出土了大量石制品、陶片、骨器和蚌器，以及众多动物和植物的遗骸。特别值得注意的是，在该遗址中还发现了一处大约距今1.6万年的墓葬。墓中的人头骨化石保存完好，是岭南地区迄今为止发现的唯一完整的史前人类头骨化石，同时拥有明确的地层证据和精确的年代测定数据。这一发现不仅揭示了古人类的体质特征，还对学者探索人类迁徙和交流的历史具有重大意义，甚至可能揭开壮族起源的神秘面纱。

南宁娅怀洞遗址远景（谢光茂供图）

石器的印记

娅怀洞中的石器组合属于小石片石器工业体系，独具特色，是岭南地区旧石器时代晚期文化的一颗耀眼新星。这些石器无不体现古人类卓越的手工技术。该遗址的地层堆积深厚，文化内涵丰富多样，遗物众多，时间跨度大，囊括了新旧石器时代多个时期的文化遗存。

南宁娅怀洞遗址发现大约距今1.6万年的墓葬（谢光茂供图）

南宁娅怀洞遗址出土的人头骨复原图
（谢光茂供图）

小石器：
生活中的小巧手

雕刻器：史前的"涂鸦大师"

◦•▶◀•◦

    我们祖先是真正的手工达人。他们运用石头精心制作出各种各样的工具，包括那些令人赞叹的雕刻器。这种精致的工具在外形上与我们今天所使用的雕刻刀颇为相似，都具备锋利的尖刃。由于独特的功能和多变的形态，雕刻器成为考古学家热衷研究的对象。最初的雕刻器由西方学者在欧洲旧石器时代晚期的遗址中发现，通常与众多骨制品、角制品、牙制品一起出土。基于这一点，早期西方学者如莫维士等人推测，雕刻器的主要用途可能是用于雕刻骨制品、角制品、牙制品等。

雕刻器（柳州白莲洞洞穴科学博物馆供图）

石器的印记

在我国北方的众多考古遗址中，雕刻器的发现相当普遍。然而，在广西乃至华南其他地区，甚至东南亚地区，这类工具却相对稀少。在这些地区中，柳州白莲洞遗址出土的雕刻器尤为突出，这些雕刻器展示了广西地区北方石片石器工业的特征，并且成为这一技术传播的典型例证。

柳州白莲洞遗址旧景（柳州白莲洞洞穴科学博物馆供图）

小石器：
生活中的小巧手

柳州白莲洞洞穴科学博物馆远景（柳州白莲洞洞穴科学博物馆供图）

柳州白莲洞遗址近景（柳州白莲洞洞穴科学博物馆供图）

石器的印记

◆ 雕刻器是怎样做成的呢?

我们祖先在制作雕刻器前，会先精心挑选出最为适宜的石料。他们偏爱那些硬度适中、质地均匀且裂痕较少的燧石、石英岩或黑曜石。这些石头一经敲击，便能产生锋利的刃口，是制作雕刻器的理想石料。接着，便是打制雕刻器。祖先们使用硬石（如硬石锤）敲击选定的石头，在一敲一打间，薄薄的石片纷纷脱落。随后，他们运用硬石或骨头工具对这些石片进行细致修整。经过无数次的敲击与精心打磨，雕刻器的基本轮廓便逐渐清晰。最后，他们在石片的一端打下一片或数片窄长的小石片，形成雕刻器的小面，并与顶端的台面共同构成一个类似现代雕刻刀的凿状刃口。就这样，一件精巧的史前雕刻器就制作完成了。

小贴士

白莲洞遗址

白莲洞遗址位于广西柳州市白面山南麓，其名源于洞口处形似莲花的白色钟乳石，于1956年发现。考古学家在洞内发现了打制石器以及磨制的骨针和骨锥等遗物，并通过研究确认了这些堆积物属于旧石器时代晚期。1973—1982年，白莲洞遗址经历了多次清理和试掘，不断地给考古学家新的惊喜。

在白莲洞遗址，考古学家发现了史前人类使用火的证据、两

小石器:
生活中的小巧手

枚珍贵的白莲洞人牙齿化石、超过500件石制品和陶片，以及3000多件动物化石（如剑齿象和大熊猫的牙齿化石等）。这些遗物和化石不仅展示了大约距今5万年白莲洞人的智慧和技艺，还证明他们已经具备缝制衣物和使用火烹饪食物的技能。

洞内出土的剑齿象的牙齿化石

洞内出土的大熊猫的牙齿化石

白莲洞遗址的文化堆积层厚度达到3米，考古学家将其细致地划分为旧石器时代晚期、中石器时代和新石器时代早期3个时期。这3个时期的文化遗存清晰地展示了华南地区从旧石器文化向新石器文化过渡的历程。

洞内遗物堆积的情况（柳州白莲洞洞穴科学博物馆供图）

小石器：
生活中的小巧手

◆ 雕刻器有哪些用途？

尽管雕刻器的体积小巧，但是其功能却不可忽视。起初，考古学家认为这些工具主要用于切割动物的骨、角、牙，将它们视为能够在骨、角、牙上雕刻出不同深度凹槽的力量之源。随后，考古学家对一些雕刻器进行深入研究，明确了其主要使用部位为雕刻刃，以及雕刻器的小面与雕刻器背腹面相交的边棱。这些部位更适合用于骨制品、角制品、牙制品的加工。

北京大学的王幼平教授开展了一系列燧石雕刻器的模拟试验和微痕分析。他揭示了一个重要发现：正确使用雕刻器，可以在不同材料上刻画出对称且整齐的沟槽。此外，试验结果还证明了这些雕刻器并非仅限于单一用途，其功能多样而复杂。吉林大学的方启教授将雕刻器比作一个多用途的小工具，指出它能够处理各种不同硬度的材料，包括坚硬的骨骼、干燥的木材等。更有趣的是，一些考古学家认为，雕刻器与用骨头打磨而成的工具之间有着紧密的联系。它们可以协同工作，在骨头上制作沟槽，并镶嵌石制的小部件，从而制成复合工具。

学者们从功能和技术两个维度出发，深入探讨了雕刻器与加工材料硬度、微痕特征之间的微妙关系。随着微痕分析技术的不断进步，学术界对雕刻器的理解也在不断深化。目前，越来越多的学者意识到，雕刻器不仅是一个简单的类型学概念，还是一个功能多样的"变形金刚"，其功能之多超乎学者的想象。我们祖先在使用雕刻器时，会根据不同的需求和情境，选择最合适的刃口进行操作。这些发现，为学者们重新评估史前人类的技术智慧提供了全新的视角。

石器的印记

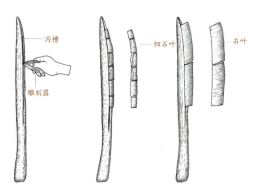

沟槽

雕刻器

细石叶

石叶

雕刻器制作复合工具示意图

　　通过细致观察和研究遗址中出土的史前雕刻作品，一些学者认为雕刻器的功能远不止于制作工具。它们仿佛是史前艺术家手中的魔杖，能够创造出令人赞叹的独立雕塑。在古老的遗址中，考古学家发掘出许多由雕刻器精心制作的小型艺术品：有的是用象牙雕刻的小马，小巧玲珑；有的是刻画得极为生动的驯鹿，栩栩如生；还有的是人物小雕像，仿佛随时都会开口说话。这些雕塑无论尺寸大小，也不管使用了何种材料，都是我们祖先对世界的深刻理解与无穷创造力的证明。

　　我们祖先借助雕刻工具创作了无数艺术杰作，虽然这些作品穿越了时间的长河，但是至今仍能让我们领略到那个时代的独特魅力。在史前时期，雕刻工具不仅是生存的必需品，还像是一支神奇的画笔，描绘着梦想，勾勒出人类早期的思考与情感，留下永恒的艺术印记。雕刻器的功能多样，它们构成了一个独立且灵活的技术体系。这种技艺的传承，不仅极大地促进了史前艺术的繁荣，也为后来文明的进步奠定了坚实的基础。

小石器：
生活中的小巧手

扫码获取更多资源

斧锛类、石拍等复合工具：
技术与艺术的完美结合

在新石器时代，有一群技艺精湛的工匠掌握了磨制石器的技艺，他们运用智慧制作出了各式各样的石器工具，如石斧、石锛、树皮布石拍、穿孔石器等，这些工具具有较强的实用性。随着磨制石器的普及，广西地区新石器时代的农业也逐步发展起来。生产方式的转变促使人类从游牧或半游牧的生活方式过渡到定居的生活方式。自此，固定的居住地和村落开始形成，人类社会历史翻开了新的一页。

石斧与石锛：砍树伐木的利器

◆▶◀◆

在新石器时代，有两个非常常见又神秘的小器物——石斧与石锛。它们就像是一对双胞胎，外形相似，大小相当，通常长度都不超过 15 厘米。在新石器时代，要想在广西茂密的丛林中生存，可少不了这两个小巧而威猛的伙伴。

崇左敢造遗址石斧与石锛共出的场景

崇左敢造遗址出土的石斧

崇左敢造遗址出土的石锛

斧锛类、石拍等复合工具：
技术与艺术的完美结合

敢造遗址

在广西，很多新石器时代遗址都出土有石斧和石锛，而且数量较大，如位于崇左市扶绥县的敢造遗址。敢造遗址坐落在扶绥县城西北部约3千米的左江北岸，与水面形成约20米的高度差。它下方是石灰岩矮峰，而不见河漫滩的踪迹。遗址东、南两面被清澈的水流环绕，西南则依傍着巍峨的敢造山。这里的地质地貌复杂多样，沿江两岸基岩出露，河床基本为坚硬的石灰岩，第一级阶地广泛发育，偶尔还能见到第二级阶地的身影。河流两岸的山丘坡谷中，亚黏土层、砂砾石层、灰质壤土层、洞穴钟乳石层及黏土层等更新统地层错落有致地分布着。这些地层如同历史的见证者，记录着这片土地上的沧桑巨变。

敢造遗址周围的地形以山地、丘陵为主，高低错落的多座锥形山峰将山间面积狭小且相对封闭的洼地围成了一个个自成一体的地理单元。这样的地理环境，为敢造遗址的形成和保存提供了得天独厚的条件。

在敢造遗址的发掘过程中，考古工作者发现了大量令人惊叹的石制品。其中，石斧、石锛及其毛坯占据了磨制石器的大部分，且出土时位置相对集中。这一现象引起了发掘者的极大关注，他们初步推断这里曾是一个小型的石器加工点。

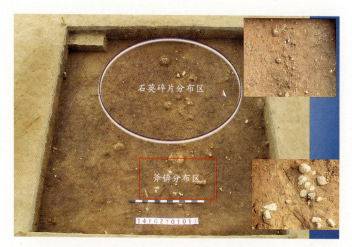

石英碎片分布区

斧锛分布区

14FGZT0101②

崇左敢造遗址②层斧锛类工具分布密集区

更为引人注目的是，在敢造遗址首次发现了贝丘遗存、河旁台地遗址、大石铲遗存之间的相互叠压。这一发现，为研究广西新石器时代同类遗存的年代提供了地层学方面的确凿证据，同时也为研究左江流域贝丘遗存与顶蛳山文化之间的联系提供了丰富的材料。

在敢造遗址的第一、第二期遗存中，大量墓葬被发现，陶、石、骨、蚌器等遗物相继出土。这些遗物蕴含着顶蛳山文化的因素，为研究左江沿岸贝丘文化及顶蛳山文化的发展提供了新的线索和证据。敢造遗址丰富的文化面貌及较为完整的地层堆积序列，无疑为构建广西新石器时代的文化序列提供了宝贵的资料。

斧锛类、石拍等复合工具：
技术与艺术的完美结合

如何在外貌上辨别这对双胞胎呢？首先，可以观察它们的刃部。石斧，这位双面磨刃的高手，两面都锋利无比。而石锛，它仅单面磨刃，似乎有些"偏心"。一些石锛的上端还带有一个小"段"（即磨去一块的部分），考古学家称这种石锛为有段石锛。接下来，再观察它们的装柄样式。石斧的刃缘通常与斧柄平行，而石锛则多为垂直交叉。最后，来观察它们的装柄技术。早期的石斧是直接捆绑装柄的，风格简单粗犷，但随着时间的推移，人们的技术得到了提升，便改进为通过钻孔捆绑。钻孔的目的并不仅仅是为了装饰、美观，更重要的是为了加强缚绳捆绑石斧的强度，使其在使用时更加顺手。至于石锛，它通常不钻孔。

不过，别看它们长得这么像，功能上可是大有不同。那么，它们的用途究竟有什么不同呢？石斧身材健硕，却又不失灵巧，是人们干农活的得力助手，帮助人类开垦荒地，播种希望。而石锛虽然只有一面锋利，但是使用时更加精准，它小巧玲珑，身手敏捷，是木工工具中的佼佼者。无论是砍伐树木，还是雕琢木器，石锛都能轻松应对。

通过对考古资料的观察、分析，我们可以发现一个有趣的秘密：这对双胞胎中，石锛可能是哥哥，比石斧出现得略早。为什么这么说呢？这就要从它们的加工方式说起了。石斧和石锛的制作过程很需要耐心：先精挑细选出一块合适的石料，打成或琢成大概的形状，然后再在砺石上细细打磨，直到变得锋利无比。在白莲洞遗址和鲤鱼嘴遗址发掘出的新石器时代早期的磨制石斧、石锛，是由磨制刃部（从单面磨刃到双面磨刃）

发展到通体磨光，即从在扁平砾石较薄一侧局部磨刃，发展到在粗制的石器上单面乃至双面磨刃，最后才进化为通体磨光。因此，考古学家们推测，石锛出现的时间可能要更早一些。

在学术领域，关于石斧、石锛这些古老工具是否应单纯归类为农业生产工具，学者们曾展开过激烈的讨论。一些学者坚信它们是砍伐树木、加工竹木不可或缺的利器，而另一些学者则将它们视为农业生产中的得力助手。其实石斧、石锛的历史与功能远比我们想象的要丰富和复杂，它们伴随着人类文明的脚步，经历了无数次的材质革新与功能演变。因此，我们不能简单地以一种功能来定义这些功能多样的工具。石斧、石锛因为自身的功能属性，在原始农业蓬勃发展的新石器时代，成为"伐木垦荒以种谷"的主力军，它们披荆斩棘，为人类的农耕生活开辟了广阔的土地。此外，它们还是掘土翻地的重要农具，见证了人类从刀耕火种到精耕细作的伟大历程。

斧锛类、石拍等复合工具：
技术与艺术的完美结合

树皮布石拍：远古的制衣工具

◆▶◀◆

在物质生活十分丰富的今天，我们可以轻松地在商城、网络平台等地方买到各式各样、精致漂亮的衣服。但是在遥远且充满神秘色彩的石器时代，没有璀璨的霓虹灯，也没有琳琅满目的时尚衣橱，我们祖先，那些充满创造力的探险家们，是怎样用他们的智慧和双手编织出令人惊叹的服饰的呢？

在那个时代，大自然是最杰出的设计师和原料库。我们祖先没有华丽的绸缎，也没有柔软的棉麻，但他们发现了树皮的奥秘。正是那些包裹在大树身上的粗糙树皮，成为他们关注的焦点。他们巧妙地运用一种名为树皮布石拍的神奇工具，就像魔法师挥动魔杖一般，将树皮拍打至柔软且平整。想象一下，我们祖先身着用树皮编织的衣物，在原始森林中穿梭。那些衣物或许还保留着树皮的纹理和色彩，仿佛是大自然的馈赠，并与周围的环境完美融合。这种树皮布文化甚至影响了整个环太平洋地区，就像一颗种子，在风的吹拂下飘向了远方，并落地、生根、发芽，绽放出绚烂的花朵。不同地区的古人类根据当地的环境和需求，对树皮布进行了各种创新和改进，使得这种服饰文化变得丰富多彩。

树皮布衣，顾名思义，就是用树皮布制作而成的衣物。而树皮布，则是以树皮为原料，经过一系列的加工，如剥皮、修整、浸泡、敲打、晒干、缝制等，最终得到的柔软又耐用的无纺布料。

民族学资料显示，在海南地区，黎族的先民们最初就是使用这种无纺树皮布来制作服装的。后来，纺织技术慢慢发展起来了，他们才开始改用树皮或者树皮纤维来纺织布料。但是，即便如此，树皮布也并没有完全被麻、棉织品所取代。直到近代，海南的黎族及云南的基诺族、傣族等还在制作树皮布衣和树皮布垫单等生活用品。这主要是因为树皮原料在当地非常容易采集，且人们对其制作技艺掌握得非常娴熟。更重要的是，这种树皮制品十分耐用！因此，树皮布衣不仅见证衣装面料由无纺到有纺的发展过程，还成为衣装服饰的活化石！欧美的一些大博物馆收藏着不少18世纪后在美洲、大洋洲及东南亚搜集到的树皮布精品。

《史记·货殖列传》记载了一种叫作褚布的东西，据说这就是树皮布最早的记录了！虽说汉代褚布的记载是对树皮布的最早记载，但其实早在新石器时代，人类的祖先就已经掌握了生产树皮布衣的技术！在广西境内就有17处新石器时代遗址出土了用于制作树皮布衣的工具——树皮布石拍。这些遗址以枫树岭遗址、感驮岩遗址、永乐遗址、那老遗址、坡六岭遗址、音墟遗址、琴坡遗址和革新桥遗址为代表。

斧锛类、石拍等复合工具：
技术与艺术的完美结合

百色枫树岭遗址遗迹及遗物

百色枫树岭遗址出土的树皮布石拍

百色革新桥遗址出土的树皮布石拍（谢光茂供图）

树皮布石拍是制作树皮布的关键工具。通过拍打湿润的树皮，这个石制工具能让树皮纤维交错、松弛、变形，最终得到一片片柔软的树皮布。树皮布石拍在形制上可谓是多种多样，有的像扇贝，有的近长方形，有的近圆形，也有亚腰形的，但边缘通常呈弧形。一般的树皮布石拍都是以砂岩为原料，且通常都有一定的重量和适宜的拍打面，以确保使用的便捷性。

树皮布石拍的拍打面上通常有直条状或弧线状的凹槽，有些凹槽还交叉形成网格状。一般而言，一个石拍上单向的凹槽多是 7 ～ 10 条，偶见有 12 条以上的。这些凹槽能够增大加工树皮时的摩擦力，使树皮布石拍更方便使用。

树皮布石拍通常分为两种类型，即复合型石拍和棍棒型石拍。复合型石拍本身不带把手，需要捆绑木制的把手使用。广西境内出土的石拍多为复合型石拍，2022 年在琴坡遗址和 2024 年在枫树岭遗址分别出土了多件复合型的树皮布石拍。棍棒型石拍的拍打面和把手均由一块石料加工而成。广东省雷州市英利镇那停村出土的一件棍棒型石拍，形状完整，设计精巧，重量竟然达到了 1533 克，是目前已知出土的最重石拍之一。

最初发现树皮布石拍时，考古学家对石拍上的凹槽和网格感到非常困惑，也不明白这个奇特的工具究竟有何用途。他们推测它可能是用于陶器制作时印制纹饰的工具。然而，随着民族学资料的不断积累，人们对于树皮布石拍的功能有了更统一的认识：树皮布石拍是制作树皮布不可或缺的工具。

斧锛类、石拍等复合工具：
技术与艺术的完美结合

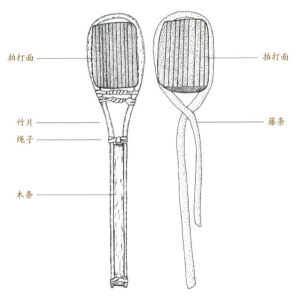

拍打面

拍打面

竹片

绳子

藤条

木条

复合型石拍示意图

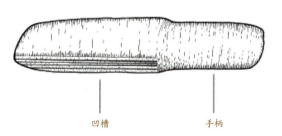

凹槽

手柄

棍棒型石拍示意图

树皮布石拍的制作过程极为精细，主要分为选材、打坯、开柄槽、制拍面等四个阶段。在选材环节，石料的硬度必须恰到好处，既要便于加工，又要利于实际使用。树皮布石拍的使用不仅提升了拍打效率，还有效减少了对树皮纤维的损伤，展现出了一定的工艺水平。想象一下，在没有现代工具辅助的情况下，我们祖先能够构思出如此巧妙的制作树皮布的方法，这难道不令人钦佩吗？

广西地区众多遗址出土的树皮布石拍，其意义极为重大。树皮布文化被视为南岛语族与环太平洋地区最具代表性的物质文明之一，因此树皮布石拍的发掘地能在一定程度上揭示南岛语族先民的聚集区域。在广西这片充满神秘色彩的土地上，大量出土的树皮布石拍仿佛是一条线索，向我们揭示珠江流域可能是南岛语族先民的重要聚居地。

随着考古学的不断发展和人们对传统文化的日益重视，树皮布石拍及其所承载的树皮布文化逐渐吸引了更多人的目光，得到了更多人的认可。这个古老的工具不仅承载着历史价值和文化意义，还为现代设计、艺术等领域提供了丰富的灵感和素材。

斧锛类、石拍等复合工具：
技术与艺术的完美结合

穿孔石器：功能多样的"风火轮"

◆▶◀◆

　　除了先前介绍的石斧、石锛和树皮布石拍，广西地区还发现了大量的穿孔石器（也称穿孔砾石或重石）。在缺乏现代机械和工具的新石器时代，我们祖先是如何运用他们的智慧和双手，在这些坚硬的石器上制作出精美的穿孔呢？

　　穿孔石器，顾名思义，是指那些钻有孔洞的石器。要了解穿孔石器的制作过程，首先得观察其形态。广西的众多遗址，如桂林市的甑皮岩遗址、柳州市的白莲洞遗址和鲤鱼嘴遗址、南宁市隆安县的娅怀洞遗址等，都出土了大量穿孔石器。这些石器通常由砾石制成，形状多为圆形，器身厚实且钝圆，中间有一个较大的孔洞。以甑皮岩遗址出土的穿孔石器为例，它们多由厚实的硅质砂岩砾石制成。娅怀洞遗址出土的穿孔石器及其半成品数量庞大、形制不一，有的比手掌还大，有的仅两三指宽，但轮廓多为椭圆形或扁圆形，极少数呈方形。穿孔石器最引人注目的特点，无疑是那些巧妙的穿孔。这些穿孔石器的器体直径一般超过 10 厘米，内孔直径超过 1 厘米，砾石边缘无刃且基本呈自然的圆弧形。其孔洞通常较大，粗大的绳索和木棒都可以轻松穿过，且孔洞边缘往往经过精心打磨。

这些穿孔石器酷似巨大的扁圆宝石，仿佛能映射出数千年前工匠们的面容。它们的颜色也各具特色，有的呈深邃的黑色，如同沉默的夜空；有的则呈浅灰色或黄褐色，与周围的自然环境和谐相融。它们的表面还留有岁月的痕迹，那些斑驳的纹路和微小的裂痕，都在讲述它们经历的悠久岁月。

那么，这些穿孔石器究竟是如何制作的呢？尽管广西有众多遗址出土了穿孔石器，但是大多数遗址中发现的多为成品，这导致考古学家对穿孔石器的加工方法感到困惑。

直到 2015 年，娅怀洞遗址出土了大量的穿孔石器成品及其半成品，才揭示了答案。考古学家通过细致观察这些石器，发现它们都是由扁圆形的砾石加工制成的。在这些砾石表面，琢、打、凿、钻及打磨的痕迹清晰可见。这些痕迹仿佛是古代工匠们遗留的密码，向我们揭示了他们制作这些穿孔石器的方法。考古学家推测，古代工匠可能使用了类似石钻的工具，在砾石

斧锛类、石拍等复合工具：
技术与艺术的完美结合

的两面进行对向穿孔加工。他们不厌其烦地琢、打、凿、钻，直至孔洞逐渐成形。孔洞形成后，工匠还会进行初步打磨，或者在使用过程中让孔洞自然磨光，这解释了为何考古出土的穿孔石器成品的孔洞总是那么光滑。

南宁娅怀洞遗址出土的穿孔石器及残件（谢光茂供图）

那么，我们祖先如此费尽心思地制作这些工具，究竟是为了干什么呢？实际上，穿孔石器的用途至今仍是一个未解之谜。

经过深入研究，考古学家对穿孔石器的用途提出了多种假设。有一些考古学家认为，这些石器是古人类为了提升采集和耕种效率而发明的工具。在遥远的史前时代，人类的祖先主要依赖狩猎和采集来获取食物。进入新石器时代后，他们逐渐掌握了驯化植物和稻作农业等食物生产方式。他们经常使用一根尖锐的木棒进行掘土、采集、挖掘植物根茎或播种，甚至进行了原始的刀耕火种。这根木棒可谓多才多艺，功能强大！然而，

石器的印记

它也存在一些局限性。首先，木棒过于轻巧，掘土时往往感觉不够稳定，难以深入土壤；其次，它仅能通过手部操作，无法借助脚力。这些限制无疑妨碍了木棒的高效使用。因此，聪明的祖先们开始发挥创造力。他们经过反复思考，最终找到了一个巧妙的解决方案：在木棒的尖端增加重量，以增强其力量。就这样，圆形或扁圆形的穿孔石器应运而生。

这些穿孔石器被安置在木棒的中央偏下位置，通常固定在距离木棒尖端 10 ～ 20 厘米的地方。石器的加入使得木棒的重心下移，仿佛为木棒披上了一层厚重的铠甲。这不仅增加了木棒的重量，还显著提升了掘土的效率以及操作时的稳定度、力度和精确度。配备了穿孔石器的木棒，无疑是一项革命性的发明！它不仅改变了原始人类的操作方式，还简化了原始人类的采集和农业活动，提高了生产效率。这一发明的出现，使得人类祖先除了能够双手并用推刺木棒，还能用脚踏住穿孔石器，手脚协同用力，使木棒深深刺入土壤，随后利用杠杆原理将土翻起。一些考古学家认为耒、耜这两种农具便在木棒和穿孔石器组合的基础上演化而来，正是这些早期的工具，为后来的耜耕或锄耕农业奠定了基础。

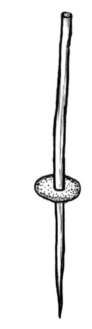

配备穿孔石器的木棒示意图

  还有一些考古学家认为，穿孔石器曾是狩猎的工具。在史前时代，狩猎绝非易事，必须依赖高效的工具。因此，制作工具成为我们祖先至关重要的任务之一。祖先们展现了他们非凡的智慧，他们依据自己的狩猎经验，不断思索如何创新工具，以提高狩猎的效率。

  为了找到最适宜制作工具的材料，他们投入了大量的精力。在那个时代，人类对资源的了解相对有限，他们只能在自己的活动范围内寻找材料。他们发现了哪些珍贵的资源呢？自然是那些最坚硬的石质材料。然而，最初祖先们仅仅是将石块投掷出去，这样的方式很难准确击中并杀死动物。许多遗址显示，广西古人类主要的狩猎目标是鹿类动物。想要接近鹿群是极其困难的，因为动物具有一定的警觉性，尤其是体型较大的动物，它们会与潜在的威胁保持较远的距离。

这可怎么办呢？于是祖先们开始改革工具，并发明了一些远程狩猎工具，也就是将穿孔石器与绳子结合，在穿孔石器的孔洞里穿入粗绳，做成复合工具。这样一来，他们手持绳索便可以将石器投掷出去，击中猎物后还可以迅速收回。

此外，一些考古学家提出，穿孔石器上的凹痕可能是长期用于钻木取火而形成的磨损痕迹。众所周知，钻木取火是人类早期掌握的关键生存技能之一。古人类通过快速旋转长钻杆产生强烈的摩擦，逐渐积累热量，当热量达到一定程度时便能点燃易燃物，形成火源。在这个过程中，旋转的长钻杆的上部需要一个向下的压力。考古学家认为古人类通常会选择近圆形的扁平砾石作为工具，压住长钻杆再旋转，而长期如此使用，便会使砾石的中部形成凹痕，两面使用后便对穿成孔洞。

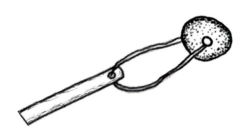

配有穿孔石器的复合工具示意图

斧锛类、石拍等复合工具：
技术与艺术的完美结合

不管是对穿孔石器用途的哪一种推测，都不难看出，穿孔石器是人类在社会早期阶段提升工具效能、转变生存方式的具体体现，是人类智慧和创造力的结晶，展示了人类在面对自然挑战时的勇气和智慧。

砺石、研磨器和蛎蛎琢：古代工匠的得力助手

在新石器时代的发展历程中，磨制石器成了生产和生活的中心，在农业、原始手工业、渔猎及日常生活方面扮演了至关重要的角色。其中，砺石是用于磨制和加工石器的工具；研磨器是古人处理食物、果核和矿物等的利器；蛎蛎琢则展现了人类适应环境和利用自然资源的能力。它们帮助人类开垦荒地、获取食物，使人类的物质和精神生活变得更加多姿多彩。以砺石、研磨器和蛎蛎琢为代表的新石器工具大量涌现，大大提高了人们的生产效率，成为新石器时代的一个显著特征。

砺石：磨制石器的工具

砺石是一种极为独特的工具，在石器时代扮演了"超级工具"的角色，可用于磨制各种石器。我们祖先很早就认识到了砺石的非凡价值。《山海经·中山经》中记载："又北三十五里，曰阴山，多砺石、文石。"郭璞注解道"砺石，石中磨者"，意思是砺石是石头中的"磨刀"石。确实，砺石一般被用于磨制石器或加工其他工具，其作用不容小觑。

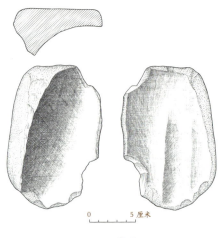

0   5 厘米

砺石示意图

崇左敢造遗址出土的砺石

百色多果遗址出土的砺石

砺石、研磨器和蚝蛎琢：
古代工匠的得力助手

在广西新石器时代的旷野、洞穴、贝丘等多种类型遗址中，砺石的出土数量尤为可观，如百色市的革新桥遗址、多果遗址，崇左市扶绥县的敢造遗址，南宁市邕宁区的顶蛳山遗址和隆安县的介榜遗址、谷红岭遗址、娅怀洞遗址等。由此可见，砺石在新石器时代遗址中的分布极为广泛。

这些砺石，有的大如磨盘，重达数十千克，是古代工匠的得力助手；有的则精致得像一件艺术品，仅手掌大小，却也发挥着广泛的作用。它们的表面，有的平滑如镜，有的则刻满了岁月的痕迹。

砺石表面有淡淡的砂岩质感，色泽沉稳而古朴，而长时间的使用和磨损，使砺石的边缘变得光滑。每一块砺石都承载着我们祖先的智慧和汗水，是人类与大自然斗争、与时间赛跑的见证。这些砺石不只是工具，还是文化传承和历史记忆的象征。

在敢造遗址中，我们甚至可以看到一块巨大的砺石周围散落着各种磨制的斧锛类工具。可以想象，那个时代我们祖先围绕着这块砺石辛勤地打磨石器，为他们的生活和生产创造条件的场景。目前，普遍认为砺石是用于加工石器的工具，如用来磨制石斧、石锛、石凿等，也有部分砺石用于处理植物种子、果实等。

崇左敢造遗址出土的砺石及斧锛类工具

崇左敢造遗址②层砺石及斧锛类工具的分布

砺石、研磨器和蚝蛎琢：
古代工匠的得力助手

那么，砺石是如何加工石器的呢？

第一步是选料。选择合适的石料至关重要，如制作斧锛类工具要选择有一定厚度的石料，而磨制大石铲、石镰等工具，则需要选择较为扁平的石料。除了对石料的形状有所选择，对其硬度和材质也有一定的要求：硬度较大的玄武岩、石英岩等可用来制作石斧和石锛等工具；而硬度较小、易于剥离的变质岩和页岩等，则可用来制作石镞、大石铲等轻型工具或祭祀工具。

第二步是打坯。打坯就是将石料打制成一定的形状。一般采用单面、双面或交互的打法，先对石料进行剥坯，将石料的边缘打击成需要的弧形或薄刃，最后剥离厚重的两面，使之成为较为扁平的形状。

第三步是琢打。琢打能将之前打坯形成的锋利、不规则边缘修理规整，打制成想要的形状。

第四步是打磨。将石器放在砺石上蘸水加砂打磨。器身和利刃的表面经过打磨之后，会变得异常平整光滑或尖锐。

一般的石器加工到第四步就完成了，但如果磨制的是精制石器，则需要加上抛光、切割、钻孔等步骤。

用砺石磨制石斧的示意图

砺石中有一种特殊的存在，它就是窄槽砺石。

1924年，一位名叫曼苏里的法国地质学家，带着对古老秘密的无限向往，踏上了前往越南北部谅山省北山的旅程。在那里，他发现了一批石斧和带有沟槽的石器。

最初，人们并没有给这种带有沟槽的工具起什么特别的名字。它在越南被发现时，仅被简单地称作带有沟槽的磨石。后来，在北山文化的遗址中经常出现这类石器，考古学家就给它起了个新名字——北山痕迹。这个名称似乎带有某种神秘的吸引力，吸引人们去探索其背后的故事。随着这类工具的发现越来越多，最终它们被统称为窄槽砺石。

砺石、研磨器和蚝蛎琢：
古代工匠的得力助手

窄槽砺石（王星供图）

在广西的考古界，有两处遗址特别引人注目，那就是百色市的百劳遗址和革新桥遗址。其中，百劳遗址坐落在一个叫作平乐屯的小村庄附近，周围是连绵的山丘和一条叫作驮娘江的河流。百劳遗址的发掘揭露出不同时期的史前文化层，同时出土了大量石制品。这些石制品数量较多、类型丰富，就像古代工匠们留下的手工作业，仅发掘区域东北部50余平方米范围出土的石制品就有2000余件，包括石器加工工具、打制石器、磨制石器等。他们还挖到了近百件窄槽砺石，这些窄槽砺石具有极强的代表性。

窄槽砺石的表面通常布满了磨制产生的沟槽。这些沟槽的底部呈凸起的半筒形，在众多石器中显得非常独特。这类砺石究竟用于打磨何种工具呢？这个问题长久以来一直困扰着考古学家。

石器的印记

百色百劳遗址出土的窄槽砺石

在百色调查时采集到的窄槽砺石

砺石、研磨器和蚝蛎琢：
古代工匠的得力助手

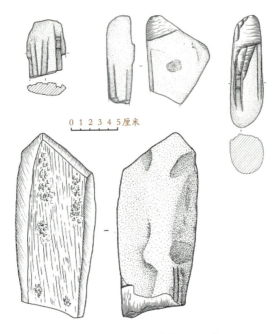

0 1 2 3 4 5厘米

百色革新桥遗址出土的窄槽砺石示意图

　　在百劳遗址发现大量窄槽砺石后，考古学家开始进行一些试验。通过尝试磨制不同的材料，他们发现这些工具上的凹槽，竟然是利用鸟类的长骨磨制骨器时形成的！一些鸟类的骨骼比较薄且中空，在磨制的过程中会在窄槽砺石表面形成平行且中部凸起的沟槽。遗憾的是，由于中国广西以及越南的主要埋藏土壤为酸性较强的红土，竹木和骨器难以保存，因此我们只能在遗址中找到窄槽砺石，而找不到那些被磨制的骨器。

石器的印记

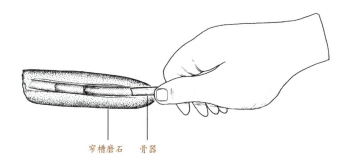

窄槽磨石　骨器

窄槽砺石加工骨器示意图

　　窄槽砺石不仅彰显了我们祖先的智慧与技艺，而且是中国广西与越南地区史前文化交流的重要见证，具有重大的学术价值。

　　相较于打制石器，磨制石器的制作过程更为复杂，但在使用上却更为便捷，无论是伐木、狩猎，还是农耕种植，磨制石器都能发挥出更好的效果。因此，磨制石器逐渐赢得了我们祖先的喜爱，使用范围也越来越广泛。到了新石器时代晚期，打制石器已被磨制石器完全取代。这一转变不仅标志着人类生产技术的巨大进步，还体现出砺石是新石器时代不可或缺的重要标记，记录了人类文明持续演进的历程。

砺石、研磨器和蚝蛎琢：
古代工匠的得力助手

研磨器：功能多样的利器

◆▶◀◆

　　研磨器是古人类用来打磨加工石器的工具。除了磨制工具，他们还会磨制食物。研磨器和研磨槽就是磨制食物的重要工具。

研磨器和研磨槽

　　研磨器，听起来像是魔法世界里的一种神秘道具，但其实它是中国南方特有的一种传统工具，古人类常用它来磨制各种食物。这种研磨器主要分布在中国的广西、贵州、云南、福建等地及越南，若论数量之最，广西无疑位居榜首。正如广西的美食丰富得令人目不暇接，这里的研磨器种类也多得令人眼花缭乱。特别是百色地区，堪称研磨器的发源地，其出土的研磨器数量之多，令人惊叹。当然，红水河流域和左江流域也不甘示弱，随处可见研磨器的身影。

研磨器数量多，形状各异，有圆形的、方形的，还有肚子圆圆的可爱造型，每一种研磨器都有它独特的用途和魅力。

崇左敢造遗址出土的研磨器

砺石、研磨器和蚝蛎琢：
古代工匠的得力助手

崇左敢造遗址出土的研磨器

崇左何村贝丘遗址出土的研磨器示意图（何安益供图）

 石器的印记

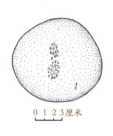

0 1 2 3厘米

百色革新桥遗址出土的研磨器示意图（谢光茂供图）

说到研磨器，就不得不提它的好搭档——研磨槽。古人类会把食物放在研磨槽里，然后用研磨器磨碎，直到食物变成细腻的粉末或浆液，仿佛在上演一场有趣的食物变形记。在那个没有现代工具的时代，古人类凭借着他们的智慧以及勤劳的双手，用研磨器和研磨槽制作出各种美味的食物。

研磨器是怎么制作的呢？制作长条形的研磨器，往往要先从选出一块特定的砾石开始，然后一点点琢打成研磨器的形状，再对多个面进行磨制，直到它变得光滑细腻。而制作腰鼓形和印章形的研磨器，则要先把原料截断，再进行琢打，最后利用截面进行研磨。研磨器的制作工艺精湛，形态对称且外观优雅，看起来非常精美！

这些研磨器到底是用来处理什么食物呢？很多人一听到研磨器，就会想到水稻，毕竟研磨槽和研磨器看起来就像是给水稻脱壳的好帮手。但是，真相可能并不是这样。革新桥遗址里出土了这么多研磨器，偏偏没发现一丝水稻的影子。在研究甄

砺石、研磨器和蚝蛎琢：
古代工匠的得力助手

皮岩遗址的时候，考古学家就发现有些石器上的残留物与芋头有关，于是推测广西地区的古人类可能更喜欢研磨土生土长的植物，如芋头等。除了淀粉类食物，研磨器还可能和果核有关。在很多出土研磨器的遗址里，都发现了大量的果核，如革新桥遗址里的橄榄果核。有人推测，研磨器可能是用来敲开果核或研磨果核的。研磨器和研磨槽，与中国北方地区新石器时代的石磨盘、石磨棒都是加工农作物及其他植物根茎的重要工具，一些考古学家认为我们近现代使用的石磨、石碾就是由这些早期加工谷物的工具发展而来的。

研磨器的功能还不止这些呢。考古学家在一些遗址中发现了赤铁矿，并且观察到古人类有在墓葬中撒赤铁矿粉的习俗。显然，研磨器不仅是一个食物处理器，还是一个矿物研磨器，仿佛是多功能的小能手，既能处理食物，又能加工矿物。这些研磨器不仅是我们探究古人类生活方式和饮食习惯的重要线索，还是古代社会生产力发展的历史见证。

蚝蛎琢：吃海鲜的好帮手

◆▶◀◆

在史前的悠悠岁月里，人类饮食界发生了一场悄无声息的革命，人们开始充分利用大自然的馈赠，如那些在河流、湖泊里自由自在地游来游去的鱼儿，沼泽地里那些长得像小宝藏的果实，还有森林里那些蹦蹦跳跳的小动物。这些大自然的馈赠共同构成了人们饭桌上的美味佳肴。

人们开启水中宝藏的秘密武器就是蚝蛎琢。蚝蛎琢是东南沿海地区先民们特制的采集取食工具，通常由砾石打制而成，一端特别尖薄。古人类可以用它来撬下岩石上的贝类，或给贝类开壳，这样就能大口享受那些美味的蛋白质，品味河鲜和海鲜的鲜美滋味啦！

防城港亚菩山遗址的蚝蛎琢（防城港市博物馆供图）

砾石、研磨器和蚝蛎琢：
古代工匠的得力助手

防城港大墩岛遗址采集的蚝蛎琢（防城港市博物馆供图）

新石器时代的广西，夏季日照时间长、天气湿润炎热，冬季日照时间短、天气干燥温暖，就像大自然的温室。这样舒适的气候让水生动物们兴奋得不得了，开始大量繁殖。而广西的古人类也发现了这个美食宝库，兴奋得不得了，开始大量享用螺类、贝类和鱼类。先民们吃完这些美味后，剩下的螺壳、贝壳等在日积月累下竟然堆积成了小山，最后形成了贝丘遗址。在广西的左江流域、邕江流域及滨海地区，这样的贝丘遗址多得数不清，就像古人类留下的神秘印记，等待着我们去探索和发现。

在贝丘遗址的文化层中可以看到各种各样的贝壳、食物残渣，还有石器、陶器等遗物，甚至还能发现房基、窖穴和墓葬等遗迹。这是因为贝壳中含有钙质，可以使骨器、角器等物品较好地保存下来。考古学家正是通过研究这些贝丘遗址，了解古代海岸线的变迁、海水温度的差异，以及当时人们所处的自然条件和生活环境。

 石器的印记

贝丘遗址中的螺壳堆积

崇左敢造遗址螺壳堆积中间的墓葬

砺石、研磨器和蚝蛎琢：
古代工匠的得力助手

海滨贝丘遗址

海滨贝丘遗址中特别有意思的要数亚菩山遗址、交东贝丘遗址和杯墩贝丘遗址。

亚菩山遗址位于广西防城港市防城区江山镇石角村。1960年，考古学家在这里进行了考古发掘，发现了好多宝贝！有石器、陶器、骨器、蚌器，还有大量水生动物、陆生动物的遗骸。有些石器打制得特别粗糙，有些则磨制得光滑细腻。陶器都是夹砂粗陶，颜色多为红色和灰黑色，看起来特别古朴。

交东贝丘遗址藏在广西东兴市江平镇交东村的一个小山村里。它的西面有一条小河，自北向南流入海湾，北面则是起伏的山丘。这里堆满了贝壳，尤其是蚝壳，多得像座小山！人们给它起了个特别的名字——蚝壳山。

杯墩贝丘遗址位于防城区茅岭镇小陶村梁屋屯附近的一个海墩上。海墩上有两个相连的小山丘，形状像两只杯子。考古学家在这里发现了三个用大蚝壳砌成的洞穴。洞穴里面还有好多文物，如绳文陶片、石斧等。

蛎蛎琢是我们祖先利用和加工水生资源的利器，无论是用于采集螺类还是用于撬开蚝壳，都展现了我们祖先早期的经济活动。蛎蛎琢的出现，是人类在面对环境资源的巨大变化时，适应能力提高的一种体现。

砺石、研磨器和蛎蛎琢：
古代工匠的得力助手

大石铲：
从劳动工具到祭祀用品

　　在岭南地区隐藏着一种独特而神秘的遗存，它就是大石铲。大石铲遗存主要分布在中国广西、广东、海南，以及越南北部的部分地区。大石铲自被发现以来就充满了神秘色彩，与花山岩画、铜鼓并称为广西的三大考古之谜。因为这些大石铲并不是孤零零地存在的，而总是以一种特殊的组合形式出现，仿佛是在举行着某种古老而神秘的仪式……

大石铲以其独特的造型特点引人注目：短柄、双肩、弧刃，呈现对称规整、棱角分明的外观。大石铲经过精细打磨，通体光滑，极为精致，让人不禁对古人类的技艺和智慧肃然起敬。大石铲个体较大，让人一眼就能发现它们的与众不同，而且大石铲总是成批出现，似乎有着特殊的组合形式。在大石铲遗址内，几乎找不到其他遗迹和遗物，这无疑激发了考古工作者的好奇心和探索欲。

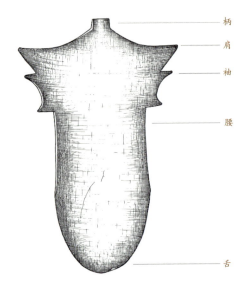

柄
肩
袖
腰
舌

大石铲各部位名称

大石铲独特的摆放方式（谢广维供图）

◆ 大石铲的发现之路

1952 年的一天，工人们像往常一样在广西崇左市至镇南关（1953 年改为睦南关，1965 年改称友谊关）的公路施工时，"当"的一声脆响打破了往日的平静。在当时大新县太平镇的一段路面上，一名工人正全神贯注地进行挖掘作业。突然，他的铁锹触碰到一个坚硬的物体。他小心地将其挖出来一看，竟然是一件磨制得十分精美的石器。

这件石器无疑是一件不得了的古物，其通体经过精细打磨，刃部的弧线流畅而规整，表面光滑如玉，宛如一件精致的艺术品。它的形态也极为对称：配备了一个短小的把手，把手两端有两个肩部，整体呈现出上宽下窄的轮廓。

123

大石铲：
从劳动工具到祭祀用品

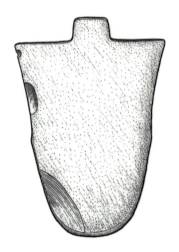

1952 年出土的大石铲示意图

工人们从来没见过这样的石器，都好奇地围了上来，纷纷猜测它的用途。后来，这件神秘的石器被他们小心翼翼地移交给了筑路指挥部。筑路指挥部的人员也意识到这件石器的重要性，于是决定将其送往有关单位进行鉴定。经过一番辗转，这件石器最终来到了北京，多方专家对其进行了鉴定。可是，就连这些见多识广的专家也没见过这样的石器，更无法确定其确切功能。由于这件石器的形状与石斧有几分相似，专家暂时将其归为有肩石斧一类。就这样，大石铲作为一个引人深思的考古谜题，首次正式地展现在世人面前。

时光流转到 1954 年，崇左市江州区那隆镇的田间地头，农民正挥洒汗水、辛勤劳作。突然，他们的锄头似乎触碰到了什么坚硬的东西。他们小心翼翼地挖出来一看，竟然发现了几件相似的神秘石器。这些石器看起来古朴而精美，就像是历史的见证者，静静地躺在田间，等待着人们的发现。不久，隆安县、扶绥县等地的农民也在劳作中零星发现了相似的石器，这在当地引起了不小的轰动。大家从未见过如此奇特的石器，于是开始流传一个说法，称这些器物为雷公斧，认为它们与神鬼有关，会带来不吉利的事情。因此，人们就算对这些石器充满了好奇，也不敢轻易将它们带回家。然而，一些农民意识到这些器物非同小可，便将发现的器物辗转交给了广西壮族自治区博物馆，希望专家能够探明这些器物的真实身份和用途，揭开它们的神秘面纱。与此同时，中南民族学院（今中南民族大学）的相关研究室也在平果县、龙州县等地开展了一场轰轰烈烈的野外调查。在这场调查中，他们也发现了大石铲的身影。调查组的专家对这些石器进行了仔细研究，并在发表调查报告时暂时将它们称为大型有肩石斧。在这一阶段，尽管不断有大石铲被发现，但是其并未真正引起人们的广泛关注。

1960 年的春天，阳光洒满了位于扶绥县北部的国营金光农场和同正园艺场。农民正热火朝天地平整着土地，期待着新一年的丰收。就在他们挥汗如雨时，他们的铁锹和锄头却意外地触碰到了一个尘封已久的秘密。一批批形状奇特的石器悄然现身，静静地躺在泥土之中。农民们惊讶地发现，这些石器与他们之前见过的那些神秘石器竟然十分相似！消息迅速传开，考古工作者终于意识到了这些石器的重要性。他们纷纷放下手头的工作，赶赴现场。经过仔细勘探，他们发现这处遗址的面积竟然有 4000 平方米，而且这些石器的分布密度之大，简直令人难以置信！大石铲及其残片遍地都是，甚至农民自建的土墙上也镶嵌着这类石器的碎片。这些发现让考古工作者兴奋不已，他们意识到，这些石器如此大范围且密集地出现，显然代表着一种独特的新石器时代文化。

然而，当时的专家也遇到了一个难题：如何给这类器物命名呢？正当大家一筹莫展的时候，佟柱臣先生在其《新石器时代考古学常识》一文中首次提出了"大石铲"这一名称。这些石器的形状酷似现代农村所用的铁铲，加之体型庞大，因此被命名为大石铲。自此，这些石器终于有了自己的专属称谓，从无名的田野宝藏，摇身一变成为考古学领域中耀眼的明珠。

大石铲发掘现场（谢广维供图）

密集出土的大石铲（谢广维供图）

这些大石铲遗址主要集中在广西南部地区，且都以出土大石铲为主要特点。因此，考古界给了它们一个响亮的名字——桂南大石铲。这个名字不仅形象地描绘了这些遗址的特点，还激发了人们对广西古代文明的无尽遐想。

大石铲：
从劳动工具到祭祀用品

大龙潭遗址

　　大龙潭遗址位于广西南宁市隆安县博浪村博浪屯东北约 1500 米的右江西岸台地上。于 1963 年文物普查时发现，遗址呈正方形，自西向东倾斜，当时推测遗址面积约 5000 平方米。

　　1978 年，广西壮族自治区文物考古训练班和广西壮族自治区文物工作队在该遗址的西北部和东北部挖了三条探沟进行试掘。

　　1979 年，广西壮族自治区文物工作队对该遗址进行正式发掘，揭露面积 820 平方米，出土大石铲等遗物 230 余件。其中，出土遗物几乎全是石器或者石料，石器主要类型为大石铲。大部分大石铲是完整且无使用痕迹的，其附近还有很多未加工完成的石片或半成品。与大石铲伴出的还有少量的石器，这些石器包括石斧、石锄、石犁、石凿、砺石、石镞等。

　　2014 年，为配合广西郁江老口航运枢纽工程建设，广西文物保护与考古研究所对该遗址再次进行抢救性考古发掘，发现灰坑 9 个、大石铲埋藏坑 15 个、大型大石铲祭祀遗存 1 处，出土完整标本 300 余件，另外还发现数千件大石铲残片。

南宁大龙潭遗址全景（谢广维供图）

2014年南宁大龙潭遗址发掘现场（谢广维供图）

大石铲：
从劳动工具到祭祀用品

南宁大龙潭遗址出土的大石铲（左图王梦祥摄，右图谢广维供图）

◆ 大石铲的发掘和分布概况

1980 年 6 月，广西壮族自治区文物工作队发掘崇左市扶绥县中东遗址，揭露面积 600 平方米，所获大石铲 440 多件，其中完整者 190 件，部分残缺者 130 多件，残碎不成形者 120 多件。

1991 年 9 月至 1992 年 6 月，为配合南昆铁路南宁至平果段建设，考古工作者在隆安县奋战了半年多，发掘古潭乡内军坡，那桐镇定出岭，乔建镇秃斗岭、大山岭、麻风坡、雷美岭等遗址，揭露面积共 2700 平方米。其中，内军坡遗址有一处较大的大石铲堆积，这个土堆坡顶略呈馒头状，底径达 8 米，堆放残碎大石铲约 4 立方米。经清点，该遗址中大石铲数量达上万件，隆安县也因此被称为大石铲之乡。

截至 2024 年，广西共发现大石铲遗址 140 多处，共清点大石铲数万件，主要分布在广西南部，遍及 40 多个县（市、区）；在广东封开、德庆等县发现大石铲遗址 15 处；在海南定安等县发现 6 处。越南北部的广宁、高平等地也发现了不少大石铲遗址，具体数量未见公布。大石铲核心区域主要集中在广西南部的左江、右江和邕江流域，以及三江交汇处的南宁市隆安县、西乡塘区一带，多处于江河湖泊间的低矮丘陵坡岗上。其中，以隆安县东南部、扶绥县北部、南宁市邕宁区西北部分布最为密集，而且在地理上连成一片。从这个中心地带向四周辐射，距中心地带越远，大石铲遗存越少。

南宁介榜遗址出土的大石铲

大石铲：
从劳动工具到祭祀用品

谷红岭遗址

　　谷红岭遗址位于广西南宁市隆安县乔建镇儒浩村儒浩屯北侧约200米处的谷红岭上。2010年11月，广西文物考古研究所携手南宁市博物馆、隆安县文物管理所等单位的有关专业人员对云桂铁路建设用地范围进行考古调查和勘探，在隆安县境内发现两处新石器时代的大石铲遗址。2011年10月底，为配合云桂铁路工程建设，广西文物考古研究所委托南宁市博物馆对其中一处遗址——谷红岭遗址进行细致的考古发掘，发掘面积800平方米，共清理遗迹8处，出土遗物300余件。

南宁谷红岭遗址全景（胡章华供图）

南宁谷红岭遗址发掘清理工作现场（胡章华供图）

大石铲：
从劳动工具到祭祀用品

南宁谷红岭遗址 AH1 提取橄榄核工作现场（胡章华供图）

南宁谷红岭遗址 BK2 清理工作现场（胡章华供图）

 石器的印记

南宁谷红岭遗址 AH1（20～40厘米）遗物分布图（东北—西南向）（胡章华供图）

南宁谷红岭遗址发现的大石铲坑（胡章华供图）

大石铲：
从劳动工具到祭祀用品

南宁谷红岭遗址出土的大石铲及斧锛类工具（胡章华供图）

◆ 大石铲的形制有哪些？

大石铲不仅造型精美，而且其形态和尺寸也呈现明显的多样性。在南宁市大龙潭遗址的考古发掘中，考古学家惊喜地发现了两件堪称"石铲巨人"的珍贵遗物。其中一件大石铲的身长达到66.7厘米，宽27.2厘米，厚1.9厘米；另一件更为壮观，尽管其厚度略有减少，为1.5厘米，但是其身长达72.1厘米，宽35厘米。在崇左市大新县榄圩乡康合村的出土文物中，一件形态独特的锯齿袖束腰型大石铲尤为引人注目。这件大石铲的身长为75厘米，宽25厘米，厚度更是达到2.4厘米，堪称石器时代的"巨人"。

南宁大龙潭遗址的大石铲坑（谢广维供图）

　　这些大石铲，称得上是石器时代石器工具中的"巨无霸"。然而，不要误以为所有的大石铲都是庞然大物。实际上，有些大石铲的尺寸小到令人惊讶，仅有大拇指般大小，仿佛是迷你版的玩具，让人不禁想要拾起把玩。这些大石铲各自拥有独特的风格和型号，极具特色。那么，对于这些形态各异的大石铲，考古学家究竟是依据什么标准进行分类的呢？

　　最初，考古学家按照形状将它们划分为三个款式：第一款为直腰型，它们像是挺拔的小勇士，铲身两侧的线条笔直而简洁；第二款是束腰型，它们就像穿着束腰裙的优雅女性，铲身从肩部开始逐渐内收，至中部再向外展开，最终以一道优雅的弧线收束成圆弧刃；第三款为袖衫型，它们双肩高耸，形似短

大石铲：
从劳动工具到祭祀用品

袖上衣的袖管。随后，学者们又提出了更多细致的分类方法，
如分为三型八式、四型十式和四型八式等。

大石铲的大小对比（引自蒋廷瑜、林强、谢广维《广西文物》）

南宁大龙潭遗址出土的大石铲（谢广维供图）

 石器的印记

南宁大龙潭遗址出土的大石铲（谢广维供图）

柳州市柳江区穿山镇灯笼村出土的大石铲

大石铲：
从劳动工具到祭祀用品

经过对这些大型石制工具的细致研究，学者们揭示了它们的演变历程，并清晰地划分为起源期、发展期和成熟期三个阶段。这一演进过程类似于从幼儿园到大学的教育历程，促进了大石铲从简单到复杂、从朴素到精致的华丽转变。这些变化是我们祖先在长期的劳动实践中，为改善耕作方法和提高工作效率不断进行改良和创新的成果。

◆ 大石铲是怎样做成的呢？

这些精美的大石铲究竟是如何制成的呢？考古学家通过细致观察实物、深入研究资料，并结合必要的试验，终于揭开了这一谜团。它们的制作过程犹如一场古老的石头变形记，总共包括以下四个关键步骤：

第一步，挑选合适的石头。在南宁地区，有一种名为细砂页岩的石头，它是制作大石铲的理想材料。这种石头在大石铲遗址周边俯拾皆是。

第二步，打坯塑形。采回来的石头，要根据大石铲的大小，用锤子和琢打工具进行精心修整。这可不是简单的敲敲打打，而是给石头来个"大变身"。这个过程，没点技术和审美能力可不行。

第三步，精细切割。这不仅是一项技术活，还是整个工序中最为关键且极具挑战性的一环。从出土的大石铲可以看出，其边缘整齐得仿佛是用尺子精细测量过一般，且光滑圆润，这不禁让人遐想，在金属工具尚未问世的时代，是否已存在着某种如同激光切割般的精湛技艺。通过对大石铲上细微痕迹的深入研究，不难窥见祖先们的聪明才智。

第四步，磨光处理。这是制作过程中劳动量最大、技术性最强的工序。看那些大石铲，表面光滑得能照出人影，这显示当时磨制与抛光技术水平的高超。祖先们会用砂子和石头制成磨具，一点点地打磨大石铲，直到它的表面光滑如镜。这一步就是要把石头磨得光滑发亮，仿佛为其披上了一袭闪耀的外衣。不得不说，这是一场"石头美容大赛"，让人感叹古代工匠的精湛技艺。

从这些制作步骤中不难发现，制作大石铲可不简单，只有经验丰富、技术精湛且体力充沛的青壮年男子才能担任。这些大石铲，不仅是实用的工具，而且是古代工匠智慧与精湛技艺的完美结晶。

◆ 农耕时代的得力帮手

5000年前，我们祖先的得力帮手——大石铲应运而生。在这个文明初现曙光的时代，无论是辽河流域的牛河梁红山文化遗址、黄河流域的仰韶文化遗址，还是长江流域的良渚文化遗址，这些古老的遗址都见证了农业与手工业蓬勃发展的非凡时代。

此外，在钦州市钦南区那丽镇的独料遗址，考古学家挖掘出了一系列与农业生产紧密相关的工具，包括石斧、石锛、石凿、石锄、石镰、石犁、石磨盘等。这些并非普通的石器，而是古代的"农业超级英雄团队"。其中，石斧是力量的象征，石锛和石凿是精细作业的佼佼者，石锄和石镰是松土和收割的高手，石犁和石磨盘则是粮食加工的专家……每一种工具都拥有其独特的"超能力"，它们的协同合作使农业生产变得高

大石铲：
从劳动工具到祭祀用品

效且省力。

在娅怀洞遗址，考古学家发掘出大约距今 1.6 万年的稻属植硅体，这是古人类利用野生稻的有力证据。南宁市的顶蛳山遗址、北庙遗址等，仿佛是古代农业技术的"奥林匹克竞技场"。在这些地方，古人类展示出他们稻作农业技术的迅猛发展，每一次技术革新都犹如在竞技场上刷新纪录。而这些技术进步的实现，无一不是依赖于农业工具的持续创新与改进。

5000 年前，长江三角洲地区已经成为一个成熟的稻作农业区，其中大石铲作为这一农业区的明星工具，每一块稻田都见证了它的辉煌。大石铲无疑是勤劳农耕的象征，它们身上刻印着农耕时代古人类辛勤劳作的痕迹。

大石铲是由双肩石斧演变而来的，这种石斧在广西左江、右江和邕江两岸的贝丘遗址中极为常见。它们拥有长方形的小凸柄、双平肩、直腰，以及略微弯曲的刃部，每一件都是精心制作的艺术品。

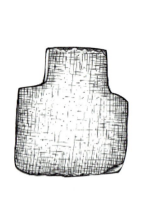

双肩大石斧示意图

大石铲的出现给农业生产注入了一股强劲动力，显著提高了耕作效率。学者们深入研究，发现大石铲的使用方式与秦汉时期的铁锸极为相似。使用时只需将木柄固定于大石铲之上，它便能发挥出多种功能，无论是清除杂草、翻动土壤，还是开沟、整理田埂，都能轻松应对。此外，大石铲也是挖掘根茎类食物的绝佳工具。

在使用大石铲时，我们祖先会根据大石铲的形状仔细挑选最适宜的绑缚方式。一些学者的研究揭示，这些大石铲的绑缚方式相当精细。

直腰型大石铲的设计特点方便其柄部和腰部两侧的绑缚，就像用藤索为其系上了一条腰带，确保木柄与大石铲的小柄紧密结合。束腰型大石铲则因腰部内弧的设计，使得绑缚的藤索不易滑落，从而显著增强了稳定性，提高了劳动效率。至于袖衫型大石铲，除了柄部和腰部，其肩部的锯齿形凹口也提供了绑缚点，形成了三个稳固的绑定点，从而进一步提高了稳定性。这些巧妙的设计不仅展示了古人类在工具制作方面的精湛技艺，而且为农业生产带来了革命性的进步。

在石器时代，大石铲在农业发展中起到至关重要的作用。它不仅极大地提高农业生产效率，还促进社会结构的变革和文化的发展，为农业文明的兴起奠定了坚实的基础。

◆ 沟通天地的神圣象征

在遥远的古代，大石铲不仅是一件普通的农具，还承载着连接天地的神圣意义。这些原本只是用于翻土的工具，后来经

大石铲：
从劳动工具到祭祀用品

历了华丽的转变，成为艺术领域的杰作。同时，这些大石铲也是祭祀仪式中重要的礼仪用品，成为珍贵的陪葬品。

考古学家发现，遗址中的大石铲被有意地摆放，有的围成圆形，有的则整齐地叠放，仿佛在进行一场庄重的古老仪式。对于这些现象，考古学家在大石铲的非实用性功能上产生了不同的解读。

一些学者推测，这些大石铲可能曾作为农业祭祀仪式中的礼器使用，承载着祖先们对农业神灵的虔诚敬意。在这些学者的解读中，圆形大石铲象征着至高无上的"天神"，而"U"形大石铲则代表着孕育万物的"地神"。在生产力尚不发达的史前社会，人们可能正是通过这些独特的形式向天神祈求降雨，以确保农作物顺利生长。

此外，一些学者进一步提出，在新石器时代晚期的桂西南地区，祭坛和礼器已经开始悄然出现。在那个时期，社会已经发展到了部落联盟阶段，而大石铲作为一种庄严神圣的祭祀工具，发挥了至关重要的作用。它可能被用于各部落结盟时的天地祭拜仪式，成为部落间团结与合作的重要象征。至于那些大石铲遗址，它们极有可能是举行盟誓仪式的地点。

南宁大龙潭遗址的大石铲祭祀坑（谢广维供图）

　　然而，对大石铲的解读远不止于此。一些学者采取了不同的研究路径，他们从社会分工和等级制度的视角提出了新的理论。这些学者认为，大石铲的存在不仅揭示了当时社会成员之间地位和财富的显著差异，而且具有深远的意义。普通民众可能会根据自己的经济能力，交换得到各种形状和大小不同的大石铲，并将它们进贡给部落的领导者。而部落的领导者则会在宗教仪式中统一使用这些大石铲，以此来展示他们的权力和尊贵的身份。

　　大石铲作为新石器时代晚期的一种神秘礼器，蕴含着丰富的文化密码和深远的社会意义。它不仅见证了古人类对农业神灵的虔诚崇拜，还记录了部落间的结盟与深厚友谊，更深刻地

大石铲：
从劳动工具到祭祀用品

南宁大龙潭遗址的大石铲祭祀场（谢广维供图）

反映了当时社会分工的明确性和等级的森严性。

　　作为广西地区最具代表性的原始文化之一，大石铲文化以其独特的造型和神秘的埋藏方式，勾勒出一幅原始而质朴的祭祀场景。尽管目前对于这些遗存仍有许多未解之谜，但是这些广泛分布且相对统一的祭祀遗址，无疑证明了大石铲文化所属的群体已经形成了相对复杂的社会组织结构和共同的意识形态或信仰。这标志着在新石器时代晚期的广西，文明的曙光已经悄然升起。

后 记

　　《石器的印记》一书终于要和读者见面了！至今我还记得读书时第一次接触石器的场景。当时我的老师对我说："你看，这件刮削器加工得多精美。"而我则一脸迷茫，完全不知道如何观察这件"精美"的石器。在后来的日子里，我与石器结下了不解之缘，甚至也经常不自觉地感叹石器的"精美"。因此，当得知由我编写一本关于史前石器科普读物的时候，我的内心充满了激动与期待。这是一个推广史前文化知识，让大家认识史前文明、喜欢史前文明的大好机会。

　　我非常希望能够用通俗易懂、简单生动的语言来编写这本书，让即便没有专业背景的读者也能轻松理解。但在编写的过程中，我发现编写一本科普读物并不是一件容易的事，甚至远比想象中复杂。有时候，我会因为找不到合适的资料而苦恼；有时候，我还会因为无法用恰当的语言表达某个概念而纠结。此外，史前石器的研究跨越了地质学、人类学、年代学等多个学科领域，每一个领域的专业性都非常强，很难在编写中兼顾深度和广度。好在皇天不负有心人，这些问题最终都得到了一一解决，本书也顺利走到了读者的案前。

　　作为"考古广西"丛书的分册，《石器的印记》基于近一个世纪以来广西考古界的重大发现与深入研究编纂而成。本书以石器为视角透视广西的史前史，选取旧石器时代早期到新石器时代晚期的一些典

后记

型石器进行重点介绍，涉及石器制作技术、使用方法、文化特征以及人类活动特点等内容。但由于篇幅的限制，还有很多石器没有一一介绍，如尖状器、薄刃斧、石砧、石锤等。

本书采取照片与绘图相结合的方式，让读者能够更直接地观察到史前人类在石器上留下的痕迹，感受从简单打制到精细磨制的技术演变过程，从而更好地了解古人类加工石器时的思维逻辑。在本书中，每一件石器都仿佛是一个故事的载体，向我们诉说着古人类的智慧与勤劳，也映射出古人类与自然环境的和谐共生。这本书不仅是对广西史前文化的科普介绍，更是对全人类共同文化遗产的一次致敬与礼赞。

本书引用了许多专家学者近年来发表的相关科研成果。这些成果凝聚着专家学者多年的心血与智慧，是他们无数次实地考察、深入研究和反复论证的结晶。正是有了这些严谨而专业的学术支持，本书才得以更加全面、深入地呈现石器时代的辉煌篇章。特别感谢柳州白莲洞洞穴科学博物馆、南宁市博物馆、右江民族博物馆、防城港市博物馆为本书提供图片支持。特别鸣谢为本书提供相关资料和图片的谢光茂、谢广维、刘康体、何守强、田军、胡章华、王星等诸位老师与挚友，是你们的共同努力，让这本书得以顺利出版。

尽管本书在编写过程中已经反复斟酌，但是囿于个人学识，书中难免还存在不足，甚至疏漏，敬请专家学者批评指正，也希望广大读者多提宝贵意见，以期在本书再版时更正、完善。

陈晓颖

2024 年 10 月

石器的印记